100가지 한국사 1,000가지 상식

- 대륙의 지배자 고구려 -

100가지 한국사 1,000가지 상식

세상모든책의 〈100가지 한국사 1,000가지 상식〉은
초등학생들의 상상력과 창의력을 존중하며
재미있고 환상적인 이야기로 여러분 곁에 늘 가까이 있겠습니다.
좋은 책을 읽는 것은 세상에서 가장 값진 보물을 갖는 것과 같습니다.

글 | 판도라
감수 | 신병주
그림 | 신경순
펴낸이 | 이재은
펴낸곳 | 세상모든책
기획 · 편집 | 윤희선, 노주영, 윤남희, 신은주, 한나래
디자인 | 강찬숙
마케팅 | 이주은, 양정길, 유정수, 김용우, 이은경
주소 | 서울시 마포구 서교동 444-16호 영진 빌딩
전화 | 02-338-2444
팩스 | 02-338-0902
E-mail | everybk@hanmail.net
Homepage | www.ieverybook.com   www.세상모든책.kr
출판등록 | 1997.11.18. 제10-1511호
초판 1쇄 발행 | 2007년 5월 15일   초판 2쇄 발행 | 2007년 8월 7일

Text Copyright ⓒ 2007 세상모든책
이 책에 실린 글과 그림을 무단으로 복사, 복제, 배포하는 것은 저작권자의 권리를 침해하는 것입니다.
ISBN 978-89-5560-194-7 73910   ISBN 978-89-5560-200-5 74910 (세트)

*잘못 만들어진 책은 바꾸어 드립니다.

100가지 한국사 1,000가지 상식
- 대륙의 지배자 고구려 -

글 판도라 | 감수 신병주 | 그림 신경순

세상모든책

책을 읽기 전에

　이번에 펴내게 된 〈100가지 한국사 1,000 상식 - 대륙의 지배자 고구려〉에서는 요즘 많은 사람들의 관심을 끌고 있는 고구려 역사와 문화에 대해 다루었어요.

　고구려 역사는 그동안 우리에게 잘 알려진 역사인 듯 느껴지면서도 많은 궁금증을 불러일으키는 역사였어요. 고구려가 대륙을 호령했다는 사실에 뿌듯함을 느끼면서도 정작 우리 역사상 가장 강대국이었던 고구려에 대해 별로 아는 것이 없다는 생각을 떨칠 수가 없었지요.

　우리가 이렇게 고구려 역사에 대해 많이 알지 못하는 데에는 이유가 있어요. 우선 고구려가 활동했던 곳이 지금은 우리 땅이 아니란 점을 들 수 있어요. 고구려는 한반도보다 광활한 대륙에서 활동했는데, 가장 강성했던 시기에는 현재 중국의 북경이나 산둥 반도, 몽골에 해당되는 땅 일부도 모두 고구려의 영토였지요. 고구려가 당과 신라 연합군에 의해 망하면서 우리 역사에서 고구려의 옛 땅이 회복된 적은 한 번도 없었답니다. 또한 오랜 시간 동안 고구려 유적들이 그냥 방치되었기 때문에 고구려 사람들이 어떻게 살고 어떻게 나라를 이끌었는지에 대해 알 수 있는 것들이 많이 사라졌어요. 이런 까닭에 고구려의 영광이 많은 부분 잊혀져 왔고, 전설에 가까운 얘기가 되었답니다.

　그러던 것이 최근에 와서 달라졌어요. 특히 중국이 우리나라의 역사를 왜곡하기 시작하면서 고구려에 대한 뜨거운 관심이 일어났지요. 우리 역사를 바로 알아야만, 우리 역사에 대해 끊임없는 궁금증과 호기심을 가져야만 우리 역사를 지킬 수 있다는 것을 알게 된 거예요. 고구려에 대해 관심을 기울인 덕분에, 고구려 영웅에 대한 세세한 이야기와 고구려 사람들이 어떻게 살았고 어떤 것을 입고 먹었는지 더 많이 밝혀지고 있어요.

이를 살펴보면 고구려가 단지 무식하게 말 타고 싸움만 잘 하는 나라가 아니라 문화적으로도 매우 뛰어났다는 것을 알 수 있어요. 또한 고구려의 문화가 지금 우리의 삶에도 아주 작은 부분이지만 여전히 남아 있다는 것을 알게 되지요. 이를 통해 우리는 고구려가 아주 먼 옛날의 역사가 아니라 지금 우리와 관계 있는 생생한 역사라고 느끼게 된답니다.

이 책에서는 고구려에 대한 풍성한 이야기들 중 누구나 궁금해하는 질문들을 뽑아 재미있고 쉽게 이해할 수 있도록 풀어놓았어요. 이 책을 통해 어린이 여러분이 '고구려에 대한 호기심'이라는 작은 열쇠를 얻었으면 해요. 그렇게 된다면 아마 이 책이 앞으로 우리나라가 고구려 역사를 지키는 데 부족하나마 힘을 보탤 수 있을 거예요. 결국 고구려를 지키는 힘은 역사를 기억하고 더 많이 알려고 하는 데서 올 수 있으니까요.

2007년 5월
판도라(김학중, 배정진)

 # 차 례

I. 대륙 위에 서다 (건국과 발전)   12

1. 주몽이 알에서 태어났다고요?   14
2. 주몽은 정말 활을 잘 쏘았나요?   16
3. 주몽과 소서노는 정말 사랑했나요?   18
4. 주몽은 어떻게 나라를 세울 수 있었나요?   20
5. 동명왕이 고구려가 아닌 부여를 세웠다고요?   22
6. 유리는 수수께끼를 풀어서 왕이 되었다고요?   24
7. 유리왕은 왜 꾀꼬리 부부를 부러워했나요?   26
8. 유리왕은 왜 자기 아들을 죽였나요?   28
9. 대소는 왜 붉은 까마귀를 선물했나요?   30
10. 부여 병사들이 허수아비에게 속았다고요?   32
11. 잉어를 보고 한나라 군사가 도망갔다고요?   34
12. 낙랑 공주는 왜 자명고를 찢었나요?   36
13. 베개가 모본왕을 죽였다고요?   38
14. 고구려 밑그림은 태조왕이 그렸다고요?   40
15. 태조왕이 중국을 정복할 뻔했다고요?   42
16. 너무 오래 살아도 탈이라고요?   44
17. 차대왕 때에 기상 이변이 많았다고요?   46
18. 신대왕은 왜 자기 힘을 약하게 만들었나요?   48
19. 고구려군은 왜 아까운 곡식을 태워 버렸나요?   50
20. 고국천왕도 유비처럼 삼고초려를 했다고요?   52
21. 우씨는 두 번이나 왕비가 되었다고요?   54
22. 뱃속의 아이가 엄마를 살렸다고요?   56
23. 고구려가 조조의 위나라와 전쟁을 했다고요?   58

24. 중천왕은 왜 사랑하는 여인을 죽였나요? ········· 60
25. 고구려 왕들은 왜 형제를 죽였나요? ············ 62

II. 제국이 되다 (영토 확장) ············ 64

26. 왕이 소금을 팔러 다녔다고요? ·············· 66
27. 고구려와 백제는 왜 원수가 되었나요? ·········· 68
28. 소수림왕이 붓으로 나라를 구했다고요? ········· 70
29. 백제와 신라 왕이 노비가 되기를 원했다고요? ····· 72
30. 적국인 신라를 도와 주었다고요? ············· 74
31. 광개토 대왕이 최고의 땅부자였다고요? ·········· 76
32. 장수왕은 왜 평양으로 내려갔나요? ············ 78
33. 고구려는 왜 백제에 간첩을 보냈나요? ·········· 80
34. 고구려 왕이 백제 여인을 사랑했다고요? ········· 82
35. 메뚜기 때문에 고구려가 망할 뻔했다고요? ······· 84
36. 바보 온달은 정말 바보였나요? ··············· 86
37. 사이좋던 수나라와는 왜 싸우게 되었나요? ······· 88
38. 하늘이 수나라 군대에게 천벌을 내렸다고요? ····· 90
39. 을지문덕 장군은 왜 적장을 칭찬했나요? ········· 92
40. 사슴발 부인도 을지문덕을 도왔다고요? ·········· 94
41. 조선의 왕도 을지문덕을 존경했다고요? ·········· 96
42. 금당벽화를 하루 만에 그렸다고요? ············ 98
43. 중국엔 만리장성, 고구려엔 천리 장성? ·········· 100

III. 역사 속으로 사라지다 (멸망과 그 이후) ······ 102

44. 연개소문은 왜 왕을 죽였나요? ··············· 104
45. 토끼의 꾀에 연개소문이 속아 넘어갔다고요? ····· 106
46. 안시성 앞에 높은 산이 생겼다고요? ············ 108
47. 같은 편인 안시성을 공격했다고요? ············ 110
48. 연개소문의 아들이 고구려를 팔아먹었다고요? ···· 112

49. 고구려가 망한 뒤에야 왕이 되었다고요? ... 114
50. 고구려가 망한 뒤 사람들은 어떻게 되었나요? ... 116
51. 발해는 왜 이름을 고구려라 하지 않았나요? ... 118
52. 당나라 한가운데에 고구려군이 나타났다고요? ... 120
53. 고려가 고구려라고요? ... 122
54. 고려가 중국의 역사라고요? ... 124
55. 중국은 왜 거짓말을 하나요? ... 126
56. 일본이 백제와 신라를 다스렸다고요? ... 128

IV. 안과 밖의 힘 (군사와 외교) ... 130

57. 고구려 군대는 어떻게 이루어졌나요? ... 132
58. 고구려에도 수군이 있었나요? ... 134
59. 적군은 왜 고구려 성 앞에서 허둥거렸나요? ... 136
60. 고구려는 백수들이 나라를 지켰다고요? ... 138
61. 고구려는 왜 삼국 통일을 하지 않았나요? ... 140
62. 장수왕이 죽자 중국 왕이 슬퍼했다고요? ... 142
63. 청나라가 고구려의 부하였다고요? ... 144
64. 강력한 고구려가 왜 중국에 조공을 바쳤나요? ... 146

V. 자신만의 세계를 만들다 (사회와 문화) ... 148

65. 고구려에는 정말 감옥이 없었나요? ... 150
66. 나라에서 쌀을 빌려 주었다고요? ... 152
67. 고구려에도 대학이 있었다고요? ... 154
68. 고구려 때는 사자도 벼슬을 했나요? ... 156
69. 고구려에도 화랑이 있었나요? ... 158
70. 고구려 사람들은 성씨가 없었나요? ... 160
71. 도둑질을 하면 노비가 된다고요? ... 162
72. 고구려 때도 온돌이 있었나요? ... 164
73. 고구려 사람들도 김치를 먹었나요? ... 166

74. 고구려 때도 불고기가 있었다고요? 168
75. 고구려 때는 전염병이 없었나요? 170
76. 가발 쓰는 것이 유행이었다고요? 172
77. 고구려 여인들도 화장을 했나요? 174
78. 동생이 형의 부인과 결혼을 했다고요? 176
79. 고구려의 여인들이 적극적이었다고요? 178
80. 고구려 남자들이 신부 집에서 살았다고요? 180
81. 고구려 사람들도 축구를 했나요? 182
82. 신라 첨성대에서 고구려의 하늘을 봤다고요? 184
83. 고구려 사람들이 생각한 하늘나라는? 186
84. 무덤이 고구려 왕들의 이름을 지어 줬다고요? 188
85. 고구려 무덤에 단군 신화가 그려져 있다고요? 190
86. 을지문덕의 성은 뭐예요? 192
87. 고구려 말은 지금과 많이 달랐나요? 194
88. 고구려 사람들은 왜 한자를 썼나요? 196
89. 고구려 사람들은 지금보다 덩치가 컸나요? 198
90. 도둑들은 왜 고구려 무덤을 좋아했나요? 200
91. 고구려에도 피라미드가 있었나요? 202
92. 까마귀가 태양을 상징한다고요? 204
93. 무덤 안에 그림은 왜 그렸나요? 206
94. 고구려 사람들도 돼지꿈을 좋아했나요? 208
95. 고구려 사람들은 누구에게 소원을 빌었나요? 210
96. 모팔모는 실존 인물이었나요? 212
97. 고구려 사람들은 왜 10월을 기다렸나요? 214
98. 평강 공주가 구미호였다고요? 216
99. 이슬람 벽화에 고구려 사람들이 있다고요? 218
100. 수레가 고구려를 부자로 만들었다고요? 220

*고구려 왕계표 222

I. 대륙 위에 서다 (건국과 발전)

졸본 땅에 온 주몽은 그곳의 사람들과 힘을 합쳐 더욱 큰 나라를 세웠어요. 주몽이 왕에 오르자 나라 이름도 고구려로 바뀌었어요. 이렇게 새로운 나라로 다시 태어난 고구려는 졸본에 새로운 궁성을 짓고 본격적으로 정복 활동을 펼쳤지요. 하지만 이때까지도 고구려는 큰 나라가 아니었어요. 주몽은 고구려가 대제국이 되기 위한 발판을 마련한 것이었답니다.

'주몽은 어떻게 나라를 세울 수 있었나요?' 중에서

1 주몽이 알에서 태어났다고요?

옛날 어느 날, 하백의 딸 유화는 동생들과 나들이를 나갔다가 해모수를 만나 사랑에 빠져 그만 임신을 하게 되었어요. 이 사실을 알게 된 하백은 매우 화를 내며 유화를 내쫓아 버렸지요.

집에서 쫓겨난 유화는 태백산 남쪽 유발수에서 서글피 울다가 마침 그곳을 지나던 동부여의 왕 금와를 만나게 되어요. 유화의 사연을 들은 금와는 그녀를 딱하게 여기고 궁으로 데려왔지요.

얼마 뒤, 유화는 사람이 아닌 알을 낳았어요. 이를 괴이하게 여긴 금와는 알을 없애려 했지만 실패하고 알을 유화에게 돌려줬지요. 그리고 얼마 지나지 않아 그 알에서 아기가 태어났는데, 그 아이가 바로 주몽이에요. 어른이 된 주몽은 훗날 부여를 떠나 고구려를 세우게 된답니다.

그 당시 사람들은 왕이란 하늘에서 내려 준 아주 특별한 존재로 여겼어요. 그런데 왜 하필이면 알이냐고요? 옛날 사람들은 알에 대해 신비함을 느꼈다고 해요. 모양이 둥근 알을 태양과 같다고 생각했거든요. 그래서 당시에는 태양을 숭배하던 사람들이 많았어요. 어쩌면 주몽의 이야기도 이런 이유로 만들어졌을 거예요. 주몽도 특별하게 보여야 했으니까요.

2 주몽은 정말 활을 잘 쏘았나요?

주몽 설화에 따르면, 주몽은 9세 때 스스로 활과 화살을 만들었고, 눈을 감고 화살을 쏘아도 50리나 떨어진 낙엽의 한가운데를 맞추었대요. 고구려를 세운 주몽이 정말로 활을 잘 쏘았는지는 정확히 알 수

없어요. 그보다는 고구려 사람들이 왜 자신들의 건국 시조를 활의 명수로 묘사했느냐에 대해 주목할 필요가 있지요.

고구려 무덤 무용총의 벽화를 보면 말을 타고 사냥을 즐기는 고구려인들의 모습을 볼 수 있어요. 이들의 손에는 활이 들려 있지요. 당시 사냥은 사냥 그 자체보다는 무예를 겨루고 전쟁 연습을 한다는 의미가 더욱 강했어요.

때문에 활을 사용해 사냥을 한다는 것은 그만큼 고구려군의 주력 무기가 활이었다는 것을 의미한답니다.

무용총 벽화 〈수렵도〉

고구려 사람들이 주몽을 활의 명수로 그린 것은 이런 이유 때문일 거에요. 물론 실제로 활을 아주 잘 쏘았을 가능성도 크지만 말이에요. 지금 우리나라 양궁이 세계 최강인 것은 고구려의 피를 이어받았기 때문이 아닐까요?

3 주몽과 소서노는 정말 사랑했나요?

전하는 이야기에 따르면, 주몽과 소서노는 무려 여덟 살이나 차이 나는 연상 연하 커플이었다고 해요. 더구나 소서노는 이미 한 번 결혼한 적이 있었지요. 그녀에게는 전 남편 우태와의 사이에서 태어난 두 명의 아들도 있었답니다.

주몽과 소서노가 만나게 된 것은 주몽이 금와왕의 맏아들 대소의 위협을 피해 졸본 땅에 가게 되면서부터예요. 졸본 땅에 온 주몽은

졸본의 공주와 결혼하게 되는데, 그녀가 바로 소서노지요.

사실 졸본의 왕에게는 아들이 없었기 때문에 자신의 뒤를 이어 졸본을 다스릴 사람이 필요했어요. 왕은 주몽이 그에 적합한 인물이라 여기고 주

몽에게 자신의 딸과 결혼해 달라고 부탁한 것이지요. 주몽 또한 왕의 제안이 나쁘지 않았을 거예요. 마침 나라를 세우려 했는데, 졸본이야말로 그에 적합한 땅이었으니까요.

결국 주몽과 소서노는 서로의 필요에 의해 결혼한 게 분명해요. 하지만 두 사람이 서로 사랑했는지 안 했는지는 정확히 알 수 없어요. 사랑이란 없다가도 생기는 것이니까요.

4 주몽은 어떻게 나라를 세울 수 있었나요?

주몽이 나라를 세우기 이전에 졸본은 이미 한 나라의 수도였어요.

주몽이 고구려를 세울 때 주위에는 한나라, 북부여, 동부여, 옥저 등 큰 나라들이 많이 있었어요. 때문에 얼마 되지 않는 세력을 거느린 주몽이 혼자의 힘으로 나라를 세우려 했다면 주위 나라들의 위협에 못이겨 고구려 건국은 성공하지 못했을 거예요.

졸본 땅에 온 주몽은 그곳의 사람들과 힘을 합쳐 더욱 큰 나라를 세웠어요. 구려 입장에서 보면 주몽 덕분에 더욱 강한 나라가 된 셈이지요. 구려의 왕이  물러나고 주몽이 왕에 오르자 나라 이름도 고구려로 바뀌었어요. 이렇게 새로운 나라로 다시 태어난 고구려는 졸본에 새로운 궁성을 짓고 본격적으로 정복 활동을 펼쳤지요. 하지만 이때까지도 고구려는 큰 나라가 아니었어요. 주몽은 고구려가 대제국이 되기 위한 발판을 마련한 것이었답니다.

5 동명왕이 고구려가 아닌 부여를 세웠다고요?

　북쪽의 이민족 탁리국에 왕을 모시는 여자 시종이 임신을 했어요. 화가 난 왕이 자초지종을 묻자 시종은 하늘에서 달걀 같은 기운이 내려와 임신을 하게 되었다고 하지요. 그 뒤 시종이 아이를 낳자 왕은 아이를 돼지우리에 버렸어요. 그런데 놀랍게도 돼지들이 아이를 죽이기는커녕 아이가 죽지 않게 숨을 불어넣어 주는 거예요. 더욱 화가 난 왕이 이번에는 아이를 마구간에 버렸지만 마찬가지였답니다.

　결국 왕은 하늘에서 내린 아이라 여기고 어미에게 돌려주었어요. 그 뒤 어른이 된 아이는 탁리국을 빠져나와 나라를 세우는데, 그 나라가 바로 부여이고 그의 이름은 동명왕이랍니다.

　그런데 이상하지 않나요? 우리는 이 이야기를 고구려 주몽의 이야기로 알고 있고 그 주몽이 바로 동명왕으로 알고 있는데 말이에요. 사실 주몽의 원래 이름은 추모왕이에요. 장수왕이 세운 광개토 대왕비에도 동명왕이 아닌 추모왕으로 기록되어 있지요. 하지만 광개토 대왕비도 고구려 건국 설화를 부여 동명왕의 설화와 거의 비슷하게 빌려다 쓰고 있어요. 사실 고구려는

부여에서 나온 나라잖아요. 아마 고구려는 자신들의 뿌리를 더욱 공고히 하기 위해 부여의 설화를 빌려다 쓴 듯해요.

그런데 왜 추모왕이 아닌 동명왕이냐고요? 그것은 아마도 후대의 역사가들이 양국의 비슷한 건국 설화 때문에 혼동한 듯해요. 그 대표적인 경우가 고려 때 김부식이 쓴 〈삼국사기〉지요. 김부식은 여기서 추모왕을 동명왕으로 기록했고 이후 〈동명왕편〉, 〈삼국유사〉 같은 책에서도 비슷하게 쓰였답니다.

6 유리는 수수께끼를 풀어서 왕이 되었다고요?

부여에 유리라는 사내아이가 있었어요. 유리는 분명히 왕족인데도 사람들은 그를 천덕꾸러기 취급했어요. 유리는 그런 것쯤은 이겨 낼 수 있었지만 아비 없는 자식이라는 소리는 참을 수 없었어요. 사실 유리는 아버지가 누구인지조차 몰랐거든요. 유리는 놀림을 받으면 늘 어머니에게 달려가 아버지에 대해 물었어요.

그런데 아무 이야기도 해 주지 않던 어머니가 어느 날은 아버지가 왕이라고 알려 주는 거예요. 아버지가 왕이라는 소리를 들은 유리는 당장 아버지를 찾아가겠다고 했어요. 하지만 어머니는 유리가 진짜 아들이라는 증거가 되는 정표를 찾지 않으면 소용없다고 하면서 그 정표는 일곱 모가 난 돌 위의 소나무 밑에 숨겨져 있다고 힌트를 주었답니다.

그 뒤 유리는 일곱 모가 난 돌 위의 소나무를 찾으러 산으로 들로 돌아다녔

어요. 하지만 몇 년이 지나도 찾지 못했지요.

그러던 어느 날, 정표를 찾지 못하고 집으로 돌아온 유리는 마당에 풀썩 주저앉았어요. 그런데 그때 놀라운 것을 발견했어요. 글쎄 자신의 집 주춧돌이 일곱 모가 나 있고 그 위의 기둥이 소나무였던 거예요. 아니나

다를까 기둥 밑에는 부러진 칼날이 있었어요. 아버지가 남겨 놓은 정표였지요.

드디어 유리는 정표를 가지고 아버지를 찾아갔어요. 그런데 그가 찾아간 곳은 놀랍게도 고구려였어요. 그리고 그의 아버지는 한때 주몽이라 불렸던 동명왕이었지요. 그 뒤 유리는 아버지의 뒤를 이어 왕이 되는데, 그가 바로 고구려 제2대 왕 유리왕이랍니다.

7 유리왕은 왜 꾀꼬리 부부를 부러워했나요?

유리왕에게는 화희와 치희라는 두 명의 후궁이 있었어요. 화희는 좋은 집안의 딸이었고 치희는 중국 출신인데, 둘은 사이가 매우 나빠 자주 다투었지요. 하는 수 없이 유리왕은 동궁과 서궁을 지어 두 사람을 따로 머물게 했답니다.

그러던 어느 날, 유리왕이 7일 동안 사냥을 나간 사이 걱정했던 일이 일어나고 말았어요. 화희가 치희에게 중국의 노비 출신이면서 어찌 자신을 무시하냐고 하자 수치심을 못 이긴 치희가 그만 궁을 뛰쳐나가 버린 거예요.

사냥에서 돌아와 이 사실을 알게 된 유리왕은 급히 치희를 뒤쫓아 갔어요. 하지만 끝내 치희의 마음을 돌이킬 수 없었지요. 상심한 유리왕이 풀 죽은 모습으로 돌아오던 중에 정답게 날아가는 꾀꼬리 한 쌍을 보게 되었어요. 이때 유리왕은 사랑하는 사람을 떠나보내야 하는 자신의 처지를 한탄하며 '황조가' 라는 시를 지었답니다.

8 유리왕은 왜 자기 아들을 죽였나요?

유리왕의 둘째 아들 해명은 용맹하고 힘도 장사였어요. 이 소식을 들은 황룡국의 왕은 그에게 강한 활을 선물했어요. 만약 해명이 활의 시위를 당기지 못한다면 망신을 줄 속셈이었지요. 이 사실을 눈치챈 해명은 사신이 보는 앞에서 가볍게 활을 당겨 꺾어 버렸답니다.

그런데 이 소식을 전해 들은 유리왕은 해명을 자랑스러워하기는커녕 해명에게 스스로 목숨을 끊으라고 명령했어요. 그러자 해명은 크게 한탄하며 목숨을 끊었지요. 어떻게 아버지가 자식에게 그런 명령을 내린 것일까요?

당시 귀족들은 유리왕을 따르는 무리와 해명을 따르는 무리로 나눠져 있었어요. 그런데 유리왕을 따르는 무리들이 장차 해명이 왕이 되면 권력을 잃을까 두려워 유리왕에게 해명을 죽이라 부추기고 협박했지요. 그래서 유리왕은 어쩔 수 없이 아들을 죽이게 된 거예요. 옛날이나 지금이나 권력을 둘러싼 음모는 여전한가 봐요.

9 대소는 왜 붉은 까마귀를 선물했나요?

무휼은 유리왕의 셋째 아들로, 유리왕이 죽자 15세 때 왕이 되어요. 그가 바로 고구려 제3대 왕 대무신왕이지요.

대무신왕이 막 고구려의 왕이 되었을 무렵, 한나라에 큰 내분이 발생했어요. 이는 고구려와 부여에게는 영토를 넓힐 수 있는 좋은 기회였지요.

먼저 야심을 드러낸 쪽은 부여의 왕 대소였어요. 그런데 부여가 영토를 넓히기 위해서는 고구려를 경계해야 했어요. 대소는 이런 고구려의 기를 꺾기 위해 머리 하나에 몸통이 두 개인 붉은 까마귀를 고구려에 보냈어요. 그리고 머리 하나에 몸통이 두 개인 까마귀는 곧 고구

려와 부여가 하나가 될 것을 의미한다고 사신을 통해 전했지요.

사신의 말을 들은 고구려 사람들은 큰 불안에 떨었어요. 그당시 부여는 고구려보다 훨씬 강했거든요. 그래서 사람들은 고구려와 부여가 하나가 된다는 것은 고구려가 부여 때문에 망한다는 것을 의미한다고 생각한 거예요. 하지만 대무신왕은 오히려 고구려가 부여의 땅까지 장악하게 될 것이라고 해석해요. 이 말을 전해들은 부여의 사기는 크게 떨어졌고, 대소는 자신의 행동을 후회했답니다.

1년 뒤, 사기가 높아진 대무신왕의 고구려 군대는 부여를 공격했고, 대소는 고구려 장수 괴유에 의해 목숨을 잃고 말지요. 한마디로 대소는 자기 꾀에 자기가 넘어가 목숨마저 잃고 만 거예요.

10 부여 병사들이 허수아비에게 속았다고요?

부여의 왕 대소는 쉽게 죽일 수 있었지만 부여는 여전히 고구려가 쉽게 상대할 수 있는 나라가 아니었어요. 결국 고구려 군대는 수가 월등히 많은 부여군에게 포위되고 말았지요.

그러나 부여군 역시 왕을 잃은데다 전쟁터에 안개까지 짙게 깔려 있어 쉽게 고구려군을 공격할 수 없었어요. 조만간 고구려군의 식량이 바닥날 것이라 믿은 부여군은 서두르지 않고 고구려군을 꽁꽁 포위하고 있었지요. 부여군의 예상대로 고구려군의 식량은 얼마 가지 않아 바닥나고 말았답니다.

그런데 때마침 안개가 더욱 짙어지기 시작했어요. 대무신왕에게는 부여군의 포위를 뚫고 도망칠 좋은 기회였지요. 하지만 아무리 안개가 짙어졌다고 해도 경계를 늦추지 않는 부여군이 속아 줄 리 없었어요.

이때 대무신왕은 기가 막힌 계책을 세웠어요. 고구려군 복장을 한 허수아비를 잔뜩 만들어 진영 곳곳에 세워 놓은 거예요. 부여군이 허수아비들을 고구려군이라 여기고 안심하고 있는 사이 대무신왕은 군대를 이끌고 재빨리 고구려로 도망가 버렸답니다.

대무신왕의 지혜가 놀랍지 않나요? 하지만 대무신왕은 이 일을 자랑스러워하기보다는 철저히 준비하지 않고 전쟁을 일으킨 것에 대해 후회하고 반성했다고 해요.

11 잉어를 보고 한나라 군사가 도망갔다고요?

대무신왕은 적극적으로 전쟁을 일으켜 땅을 넓힌 왕이에요. 하지만 이런 대무신왕의 고구려가 주변 나라에게는 큰 위협이 되었지요.

결국 서기 28년, 후한의 광무제는 요동 태수에게 백만이나 되는 군대를 주어 고구려를 공격하게 했어요. 고구려도 강한 군대를 가지고 있었지만 백만이나 되는 군대를 상대하기에는 군사가 부족했어요. 때문에 대무신왕은 나아가 맞싸우기보다 위나암성 안에서 적군을 막기로 했지요.

위나암성을 둘러싼 한나라 군대도 이런 고구려군의 계략을 잘 알고 있었어요. 때문에 무리하게 성을 공격하기보다는 곧 위나암성 안의 물이 바닥날 것이라 생각하고 참고 기다렸지요. 이런 한나라의 생각은 틀린 게 아니었어요. 정말로 위나암성 안의 물은 바닥을 드러내고 있었거든요.

　그러나 한나라가 미처 생각하지 못한 것이 있었으니, 고구려에는 용맹한 대무신왕도 있지만 지혜가 뛰어난 을두지라는 재상도 있다는 사실이었어요.

　을두지는 한나라 장수에게 수초에 싼 잉어를 보냈어요. 그러자 잉어를 본 한나라 장수는 성 안에 여전히 물이 풍부하여 전쟁이 쉽게 끝나지 않을 거라 생각했지요. 물론 을두지는 이 점을 노리고 잉어를 보낸 것이랍니다.

　결국 한나라 군대는 모두 물러가 버렸어요. 이렇게 고구려군은 피 한 방울 흘리지 않고 전쟁에서 승리할 수 있었답니다.

12 낙랑 공주는 왜 자명고를 찢었나요?

대무신왕에게는 호동이라는 왕자가 있었어요.

어느 날, 호동은 옥저로 사냥을 나갔다가 그곳에서 낙랑의 왕 최이를 만났어요. 최이는 내심 고구려의 왕자를 사위로 맞고 싶었던지, 늠름한 호동을 낙랑으로 데려가 자신의 딸과 만나게 했어요. 그 후, 최이의 바람대로 호동과 공주는 서로 사랑하게 되었고, 어느덧 결혼까지 약속하게 되었답니다.

그러나 두 사람 사이에는 큰 문제가 있었어요. 본래 낙랑은 한나라가 고조선을 멸망시키고 세운 한4군 중 하나였거든요. 때문에 옛 고조선의 영토를 되찾을 야망을 품고 있던 대무신왕에게 낙랑은 친하게 지낼 사이가 아니라 물리쳐야 할 적국일 뿐이었지요.

호동이 고구려로 돌아가 낙랑 공주와의 결혼을 청하자 대무신왕은 오히려 낙랑을 정복할 좋은 기회라고 생각했어요. 낙랑에는 적군이 쳐들어오면 저절로 울리는 자명고라는 신비한 북이 있었는데, 이런 자명고 덕분에 그 어떤 나라도 쉽사리 낙랑을 넘볼 수 없었거든요. 대무신왕은 공주가 직접 자명고를 찢으면 결혼을 허락해 주겠다고 했지요.

대무신왕의 뜻을 전해 들은 공주는 사랑을 위해 자명고를 찢어 버렸어요. 결국 자명고를 잃은 낙랑은 고구려의 침략을 받아 멸망하게 되었지요. 그리고 불행히도 공주는 고구려 군대가 들어오기 전에 자명고를 찢은 사실이 드러나 죽음을 당하고 말았답니다.

13 베개가 모본왕을 죽였다고요?

삼국사기에 따르면, 고구려 제5대 왕인 모본왕은 사람을 깔고 앉거나 베개로 베곤 했는데 그 사람이 움직이기라도 하면 칼로 베어 죽였다고 해요. 그리고 이런 모본왕의 나쁜 행동을 지적하는 신하가 있으면 활을 쏘아 죽여 버렸다고 해요. 그가 얼마나 포악한 왕이었는지 잘 알 수 있겠지요?

이런 모본왕에게는 두로라는 시종이 있었어요. 두로도 모본왕의 베개가 되어야 하는 처지였지요. 하지만 두로는 모본왕을 저주하기는커녕 밤마다 오래오래 살기를 기도해야 했어요. 당시에는 순장이란 풍속이 있었거든요. 순장은 왕과 같은 높은 지위에 있는 사람이 죽으면 그를 모시던 사람들도 함께 묻는 풍속이었는데, 두로도 마찬가지였지요.

두로가 이런 자신의 신세를 한탄하며 눈물을 흘리고 있을 때 한 사내가 찾아와 솔깃한 제안을 해 와요. 그는 두로에게 모본왕을 죽이면 살게 해 준다고 약속하지요. 아마도 그 사람은 평소 모본왕에 반대하던 계루부 사람이었을 거예요. 하지만 사내가 누구든지 두로는 사내의 제안을 거절할 이유가 없었답니다.

결국 모본왕은 두로가 휘두른 칼에 목숨을 잃고 말았어요. 모본왕은 자신의 베개에게 목숨을 잃고 만 셈이랍니다.

14 고구려 밑그림은 태조왕이 그렸다고요?

광개토 대왕이 지배한 고구려의 영토를 보면 고구려가 얼마나 크고 강한 나라였는지 잘 알 수 있어요. 하지만 태조왕 이전까지만 해도 고구려는 아직 강한 나라가 아니었어요. 또한 고구려만의 색깔도 갖지 못했지요. 하지만 태조왕 때부터는 고구려만의 색깔을 갖추기 시작했답니다.

고구려는 태조왕 때부터 고구려만의 연호를 쓰기 시작했다고 전해져요. 연호는 그 나라의 왕이 나라를 다스린 기간을 나타내는데, 서기

나 단기처럼 시간의 기준이 되지요. 이런 연호를 독자적으로 쓴다는 것은 고구려가 그만큼 강해졌다는 것을 의미해요.

연호를 정한 태조왕은 고조선의 땅을 되찾고자 정복 전쟁을 펼쳤어요. 태조왕은 대부분의 전쟁에서 승리하고 과거 고조선의 영토뿐만 아니라 후한의 영토 일부도 고구려의 땅으로 만들지요. 그 덕분에 고구려는 새롭게 무역을 할 수 있는 길을 얻으며 부강한 나라가 된답니다.

이렇게 고구려의 기틀을 다진 태조왕은 그 명성도 대단했어요. 당시 중국을 지배하던 후한은 태조왕이 위독하다는 이야기를 듣고도 섣불리 고구려에 쳐들어올 생각을 못 하고 오히려 위문단을 보낼 정도였으니까요.

이런 명성 덕분인지 태조왕은 죽은 뒤 태조라는 이름을 얻게 되었어요. 태조라는 이름은 보통 고려를 세운 태조 왕건처럼 나라를 처음 세운 왕에게 붙여지는 이름이거든요. 그만큼 고구려를 새롭게 태어나게끔 만든 사람이 태조왕이랍니다.

> 태조왕이 위독한 틈을 타 고구려를 칠 수도 있겠지만 사람이 아픈데 그럴 수는 없지. 위문단을 보내 안부나 전하거라.

> 여전히 태조왕이 무서워서 공격 못 하는 기잖아요. 강한척 하기는…….

15 태조왕이 중국을 정복할 뻔했다고요?

활발한 정복 전쟁 덕분에 많은 영토를 넓힌 태조왕은 이제 중국 후한의 땅으로 눈을 돌려요. 하지만 당시 후한은 결코 약한 나라가 아니었지요. 때문에 처음에는 고구려군이 후한의 요동군에게 두 차례나 패배했답니다. 그러다 후한의 내분을 이용한 태조왕의 작전이 들어맞게 되었어요. 이후 고구려군은 연전연승을 거두며 고조선의 옛 땅을 거의 되찾게 되었고, 어느덧 황하 이북까지 이르게 되었지요. 이제 황하만 건너면 후한의 수도인 장안을 공격해 후한을 정복할 수 있었답니다.

그런데 그때 뜻밖의 사건이 발생했어요. 고구려군이 황하를 건널 무렵 부여군이 배신을 하고 후한을 도와 고구려를 공격한 거예요. 아

무리 강한 고구려군이라도 후한과 부여를 모두 상대할 수는 없었지요. 결국 태조왕은 중국 정벌의 꿈을 포기하고 고구려로 돌아갈 수밖에 없었답니다.

그런데 같은 민족인 부여가 왜 후한을 도와 고구려를 공격했을까요? 그 이유는 아이러니하게도 고구려가 너무 강했기 때문이에요. 부여는 고구려가 본래 부여에서 나왔다는 점을 잊지 않았어요. 부여는 늘 자기들이 고구려보다 훨씬 강하고 문화의 수준도 높다고 믿고 있었지요. 그런데 대무신왕 이후 고구려가 부여보다 훨씬 강해지자 몹시 자존심이 상했어요. 그래서 갖가지 선물을 바쳐 고구려를 안심시키는 한편, 호시탐탐 공격할 계획을 세웠지요. 이후에도 부여는 중원의 다른 나라와 손을 잡고 고구려와 적대적인 관계를 유지했답니다.

16 너무 오래 살아도 탈이라고요?

태조왕에게는 24살이나 어린 수성이라는 아우가 있었어요. 지략이 뛰어나고 병법에도 능한 수성은 동한의 대군이 쳐들어왔을 때 적군을 전멸시키는 큰 공을 세웠지요. 태조왕은 수성에게 자신의 일을 대신하게 했어요. 당시 태조왕은 나이가 70세가 넘은데다 병까지 걸려 직접 고구려를 다스릴 수 없었거든요.

권력을 물려받은 수성은 처음에는 별 탈 없이 고구려를 잘 이끌어 나갔어요. 그런데 점점 수성의 권력이 막강해지자 수성에게 왕이 되라고 부추기는 무리가 생겨난 거예요. 다음 왕은 태조왕의 아들 막근이 되어야 한다며 사양하기는 했지만 이미 수성의 마음속에도 왕이 될 욕심이 싹텄어요. 결국 수성은 태조왕이 죽으면 자신이 왕이 되기로 결심하게 되었답니다.

그런데 웬일인지 세월이 아무리 흘러도 태조왕은 죽지 않았어요. 그러자 수성은 태조왕이 죽기 전에 자기가 먼저 늙어 죽을지도 모른다는 불안감에 사로잡히기 시작했지요. 그 당시 태조왕의 나이가 이미 100세를 넘기고 있었거든요.

　마침내 수성은 태조왕을 몰아내고 왕이 될 결심을 해요. 이런 수성의 뜻이 전해지자 그를 따르던 무리들은 모두 수성의 의견에 따르겠다고 했어요. 하지만 유독 한 사내만이 하늘의 뜻을 어기지 말고 태조왕이 죽을 때까지 기다리자며 반대했어요. 물론 사내의 말이 틀린 것은 아니었지만 수성은 매우 화를 내며 사내를 죽여 버렸답니다.

　상황이 이렇게 되자 그동안 수성을 몰래 감시하던 재상 고복장은 이 사실을 태조왕에게 알렸어요. 그리고 반역을 꾸미는 수성을 죽여야 한다고 말했지요. 하지만 태조왕은 수성을 죽이려 했다가 공연히 나라가 혼란해질 것을 걱정해 왕의 자리를 수성에게 물려주었어요. 이렇게 해서 수성이 왕위에 올랐는데, 그가 바로 고구려 제7대 왕 차대왕이랍니다.

17 차대왕 때에 기상 이변이 많았다고요?

전하는 이야기에 따르면, 차대왕이 나라를 다스릴 당시 고구려에는 이상한 일들이 많이 일어났다고 해요. 태양이 사라지는가 하면 별이 달을 가리기도 했대요. 또한 더운 여름에 서리가 내리기도 했다는데, 공해가 없던 그 당시에 기상 이변이라도 일어났던 것일까요?

태조왕을 몰아내고 왕이 된 차대왕은 의심이 많고 자기 귀에 거슬리는 말은 듣기 싫어했어요. 때문에 자기를 따르는 무리들에게는 높은 벼슬을 주었지만 반대하는 사람들은 마구 죽였지요. 이렇게 되자 조정은 차대왕에게 아부하는 무리들로만 가득 찼답니다.

그러나 차대왕은 이 정도로 만족하지 못했는지 자객을 보내 태조왕의 아들이자 자신의 조카인 막근을 죽였어요. 그리고 막근의 동생 막덕을 자결하게 만들지요. 그 뒤 차대왕은 더욱 가혹하게 백성들을 다스렸고, 백성들의 원성은 높아만 갔어요.

때문에 사람들은 차대왕의 포악한 정치를 자연현상에 빗대어 말하곤 했어요. 태양이 사라졌다는 것은 고구려의 현실이 암흑과 같다는 것을 표현한 것이고, 별이 달을 가렸다는 것은 누군가가 차대왕을 죽여 주기를 바란 것이었답니다.

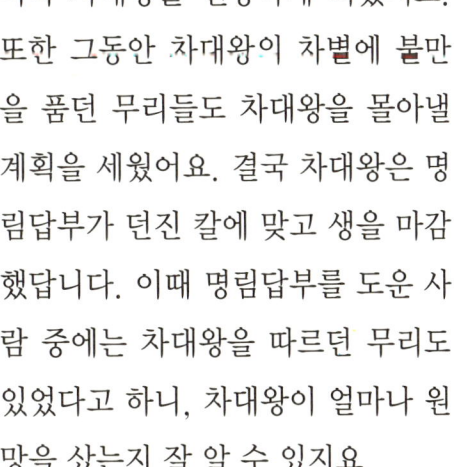

그런데 백성들의 원망이 극에 달할 즈음 왕위에서 물러나 있던 태조왕이 119세의 나이로 생을 마감했어요. 태조왕이 죽자 사람들은 더욱 차대왕을 원망하게 되었지요.

또한 그동안 차대왕이 차별에 불만을 품던 무리들도 차대왕을 몰아낼 계획을 세웠어요. 결국 차대왕은 명림답부가 던진 칼에 맞고 생을 마감했답니다. 이때 명림답부를 도운 사람 중에는 차대왕을 따르던 무리도 있었다고 하니, 차대왕이 얼마나 원망을 샀는지 잘 알 수 있지요.

18 신대왕은 왜 자기 힘을 약하게 만들었나요?

차대왕의 뒤를 이어 고구려 제8대 왕이 된 신대왕은 차대왕과는 전혀 다른 정치를 펼쳤어요. 그는 왕이 되자 억울하게 옥에 갇힌 사람들을 풀어 주는 한편 차대왕을 따르던 무리들도 용서해 주었지요. 또한 차대왕의 아들 추안도 죽이지 않고 '양국군'에 봉하였어요.

한편 신대왕은 두 명의 재상을 두는 좌우보 제도를 없애고 한 명의 재상을 두는 국상 제도를 마련했어요. 그리고 초대 국상에 명림답부를 임명하지요. 두 명의 재상이 가지고 있는 권한을 하나로 합친 국상의 권한은 정말 대단한 것이었어요. 더구나 명림답부는 군사를 다스리는 자리까지 겸하고 있었기 때문에 그 권력은 국왕과 다를 바 없었지요. 이처럼 명림답부의 힘이 강해지면서 왕의 힘은 약해질 수밖에 없었답니다. 신대왕은 왜 이처럼 자신의 힘을 약하게 만든 것일까요?

신대왕은 차대왕의 이복동생으로, 이름은 백고였어요. 왕에게 조언을 하다가 차대왕에게 큰 미움을 받고 산속으로 도망가 버린 백고를 왕으로 세운 사람이 바로 명림답부였지요. 이 때문에 신대왕은 명림답부에게 국상이란 높은 벼슬을 내리고 권력도 내줄 수밖에 없었던 거예요.

그러나 이처럼 명림답부에게 모든 권력을 내준 신대왕도 힘을 키울 필요가 있었어요. 그래서 신대왕은 자신을 도울 왕족을 키우기 위해 추안을 용서하고 벼슬도 내린 거예요. 어떤 이유에서였든지 차대왕과 달리 화합의 정치를 펼친 신대왕 덕분에 고구려는 빠르게 안정되고 백성들도 편안한 삶을 되찾게 되었답니다.

19 고구려군은 왜 아까운 곡식을 태워 버렸나요?

서기 172년, 동한의 대군이 고구려를 공격해 오자 맞서 싸우자고 모두 입을 모았어요. 그런데 유독 국상 명림답부만은 적의 병사가 너무 많다며 반대하는 거예요. 대신 신통한 계책을 하나 내는데 그게 바로 청야 전술이에요. 청야 전술이란, 땅에서 나는 곡식을 미리 싹쓸이해 버리는 전술이지요.

보통 전쟁을 하면 수비하는 쪽보다 공격하는 쪽에 더 많은 식량이 필요하다고 해요. 공격하는 쪽은 먼 길을 이동해야 하니까요. 하지만 먼 길을 이동하며 충분한 식량을 나르기는 불가능하잖아요. 그래서 모자란 식량을 적의 땅에서 빼앗곤 했지요. 명림답부는 바로 이 점을 노린 것이랍니다.

동한의 군대가 고구려 성 앞까지 몰려왔지만 고구려군은 성문을 꽁꽁 걸어잠그고 나오지 않았어요. 그렇게 고구려군이 버티자 동한의 식량은 바닥을 보이기 시작했지요. 동한은 서둘러 자기 나라에서 식

량을 가져오려고 했지만 명림답부가 미리 군사를 보내 식량을 가져올 수 있는 길목을 막아 버렸어요. 이렇게 되자 동한군의 식량은 완전히 바닥나고 말았지요.

결국 굶주린 동한의 대군은 힘 한 번 제대로 못 쓰고 고구려 군대에게 전멸을 당하고 마는데, 그 결과가 너무나 참혹해서 중국은 이 전쟁을 역사에 기록조차 하지 않았답니다.

청야 전술은 이후 고구려의 주요 전술 중의 하나가 되었어요. 을지문덕 장군도 바로 이 전술로 수나라의 대군을 막아 냈답니다.

20 고국천왕도 유비처럼 삼고초려를 했다고요?

〈삼국지〉에 보면 유비가 삼고초려(유비가 제갈공명을 세 번이나 직접 찾아감) 끝에 제갈공명을 얻는 이야기가 나와요. 그런데 고구려에도 이와 같은 이야기가 있어요. 바로 고국천왕이 을파소를 등용한 일이 예요.

제9대 고국천왕은 막강한 귀족 세력들에 대항해 자신의 뜻을 잘 이끌어 나갈 새로운 인재가 필요했어요. 이때 신하들이 추천한 사람은 을파소가 아닌

안유였어요. 하지만 안유는 왕의 부름을 사양하고 다른 사람을 추천하는데, 그가 바로 을파소였지요.

을파소는 시골에서 농사를 짓고 있었어요. 하지만 고국천왕은 개의치 않고 을파소에게 중외대부직이란 높은 벼슬을 내렸지요. 하지만 을파소는 웬일인지 벼슬을 사양해요. 사실 을파소는 고국천왕이 자기가 모실 만한 왕이라는 것을 잘 알고 있었어요. 그러면서도 벼슬을 거절한 것은 중외대부직이란 직책으로는 자신의 뜻을 펼칠 수 없다고 판단했기 때문이지요.

아마 고국천왕이 속이 좁은 왕이었다면 을파소를 다시는 부르지 않았을 거예요. 하지만 을파소의 의도를 파악한 고국천왕은 을파소를 국상에 임명했어요. 한낱 농사꾼에게 왕 다음 가는 높은 벼슬을 내린 것이지요.

을파소가 국상이 되자 귀족들의 반발은 대단했어요. 하지만 고국천왕은 흔들리지 않고 을파소에게 모든 힘을 실어 주었지요. 을파소는 이런 고국천왕의 믿음에 부응해 진대법(가난한 농민에게 곡식을 빌려 주는 제도)을 마련하는 등 고구려를 부강한 나라로 만든답니다.

21 우씨는 두 번이나 왕비가 되었다고요?

고국천왕의 부인 우씨는 고구려에서 세력이 큰 연나부 출신이었어요. 그래서 왕조차도 우씨를 함부로 대하지 못했지요. 하지만 고국천왕과 우씨 사이에는 자식이 없었기 때문에 우씨는 고국천왕이 죽고 나면 자신의 처지가 어떻게 될지 걱정스러웠답니다.

그러나 우씨는 매우 영리한 여자였어요. 고국천왕이 죽자 우씨는 왕의 죽음을 감추고 몰래 궁을 빠져나와 고국천왕의 동생인 발기를 찾아갔어요. 고국천왕에게는 자식이 없었기 때문에 고국천왕의 뒤를 이어 발기가 왕이 될지도 몰랐거든요. 우씨는 발기를 만나 왕이 되는 것을 도와줄 테니 자신을 보호해 달라고 요청할 참이었지요. 그런데 발기는 우씨가 자신이 왕이 되는 것을 방해하려 한다고 오해했기 때문에 매우 불친절하게 대했답니다.

화가 난 우씨는 이번에는 고국천왕의 또다른 동생인 연우를 찾아갔어요. 연우는 우씨가 자기를 찾아온 이유를 잘 알고 있었어요. 그래서 환심을 사기 위해 그녀를 매우 극진히 대했지요.

우씨는 연우가 마음에 들었어요. 그리고 연우가 왕이 된다면 자신과 연나부를 잘 보살펴 줄 거라 믿게 되었지요.

다음 날, 우씨는 왕의 죽음을 알리고 왕의 유언이라며 연우를 왕으로 세워요. 그가 바로 고구려 제10대 산상왕이지요.

이후 산상왕은 형의 부인이었던 우씨를 부인으로 맞이했고, 이렇게 해서 우씨는 다시 왕비가 되었답니다.

22 뱃속의 아이가 엄마를 살렸다고요?

왕후 우씨에게 아기가 생기지 않자 산상왕의 근심은 이만저만이 아니었어요. 산상왕은 둘째 부인을 두어서라도 자식을 가지고 싶었지만 우씨가 무서워 엄두조차 내지 못하고 있었지요.

그러던 어느 날, 하늘 신에게 바칠 돼지 한 마리가 우리를 탈출하는 일이 일어났어요. 관리는 온 힘을 다해 돼지를 추격했지만 돼지는 쉽게 잡히지 않았지요. 마침내 관리가 다다른 곳은 주통촌, 즉 술을 빚는 마을이었어요. 그런데 그곳에 다다르니 한 여인이 나타나 관리에게 돼지를 건네주는 거예요. 관리도 잡지 못한 사나운 돼지를 연약한 여인이 잡은 것이지요.

이 소식을 들은 산상왕은 우씨 몰래 주통촌 여인을 찾아갔어요. 아니나다를까 산상왕은 여인을 보고 한눈에 반해 사랑에 빠지고 말지요. 하지만 우씨 때문에 여인과 결혼할 수 없다는 것을 잘 알고 있었던 산상왕은 여인과 하룻밤을 보낸 뒤 혼자 궁으로 돌아왔답니다.

그로부터 4개월 뒤, 주통촌 여인에 대한 이야기가 우씨의 귀에도 들어가게 되었어요. 그리고 얼마 지나지 않아 여인은 우씨에게 죽음을 당할 위기에 처하게 되지요. 그때 여인은 자기가 산상왕의 아이를 임신했다고 말해요. 결국 뱃속의 아이 덕분에 목숨을 건진 여인은 산상왕의 두 번째 부인이 되었어요. 그리고 여인은 아들을 낳는데, 이 아이가 후에 고구려 제11대 동천왕이 된답니다.

23 고구려가 조조의 위나라와 전쟁을 했다고요?

위, 촉, 오가 서로 경쟁하던 시절, 요동 땅에는 공손씨 세력이 독자적인 세력을 이루고 있었어요. 손권의 오나라는 이런 공손씨와 함께 위나라를 압박하려 했지요. 하지만 공손씨가 위나라를 의식해 거부하자 오나라는 다른 나라를 찾아야 했는데, 그게 바로 고구려였답니다.

오나라는 고구려와 동맹을 맺기 위해 사신을 보냈어요. 그런데 오나라의 사신이 왔을 때 고구려에는 이미 위나라의 사신이 동천왕을 만나고 있었지요. 이에 화가 난 오나라는 고구려의 관리를 인질로 잡고 고구려에 항의했어요. 동천왕의 사과로 오해가 풀리기는 했지만 그 사건으로 고구려는 오나라와의 관계를 끊고 위나라와 친하게 되었지요.

얼마 뒤, 공손씨 세력이 독립을 선언하고 요나라를 세워요. 그러나 고구려와 위나라는 힘을 합쳐 요나라를 멸망시켰지요. 그런데 위나라가 약속했던 땅을 주지 않는 거예요. 화가 난 동천왕은 군사를 보내 위나라의 서안평을 공격했고, 두 차례의 전투에서 위나라 군대를 크게 이겼답니다.

그러나 위나라는 그리 만만한 나라가 아니었어요. 동천왕이 다시 위나라를 공격하자 그동안 위나라에게 도움을 받았던 모용 선비가 위나라를 도와 고구려를 공격한 거예요. 게다가 태조왕 이후 앙숙이 된 부여도 위나라에 군량을 지원해 주었어요. 이렇게 되자 고구려는 매우 불리해졌지요. 결국 고구려는 위나라 관구검의 군대에게 크게 패하고 수도인 환도성까지 내주는 지경에 이르고 만답니다.

만약 고구려가 부여와 사이가 좋았다면 고구려는 패하지 않았을 테고, 삼국지에 고구려가 등장했을지도 몰라요.

24 중천왕은 왜 사랑하는 여인을 죽였나요?

고구려 제12대 중천왕에게는 연씨 성을 가진 왕후가 있었지만 따로 사랑하는 여자가 있었어요. 그녀는 3미터나 되는 긴 머리를 가진데다 얼굴까지 고와 '장발 미녀'라고 불렸지요.

왕후의 눈에는 장발 미녀가 좋게 보일 리 없었어요. 왕후는 틈만 나면 장발 미녀를 욕하며 그녀를 위나라에 선물로 바치자고까지 했지요. 물론 왕후의 속마음을 잘 아는 중천왕은 그 말을 듣지 않았답니다.

그런데 장발 미녀도 쉽게 당하기만 하는 사람은 아니었어요. 그녀도 중천왕에게 왕후가 자기를 협박하고 죽이려 한다고 말했지요. 그러나 중천왕은 이런 장발 미녀의 말도 무시해 버렸답니다.

중천왕이 자신의 말을 들어 주지 않자 초조해진 장발 미녀는 계략을 세웠어요. 장발 미녀는 사냥 갔다 돌아오는 왕에게 가죽 주머니를 들어 보이며 왕후가 자기를 가죽 주머니에 집

어넣고 바다에 던질 계획을 세우고 있다고 말했지요. 하지만 중천왕은 장발 미녀의 말이 거짓이라는 것을 알아차렸어요. 장발 미녀의 말

이 맞다면 가죽 주머니는 장발 미녀가 아닌 왕후가 가지고 있어야 했으니까요. 장발 미녀의 거짓말에 화가 난 중천왕은 그 즉시 장발 미녀를 가죽 주머니에 집어넣고 바다에 던져 버렸답니다.

그런데 중천왕은 왜 그토록 사랑하던 장발 미녀를 죽였을까요? 아무리 거짓말을 했다고 해도 말이지요. 사실 그 당시에는 왕후의 힘이 매우 셌어요. 대개 왕후는 세력이 강한 집안에서 뽑았는데, 연씨 왕후는 당시 위세를 떨치던 연나부 출신이었거든요. 반면 장발 미녀는 이미 몰락한 관나부 출신이었지요. 이처럼 당시 고구려 왕은 귀족들의 눈치를 봐야 하는 처지였답니다.

25 고구려 왕들은 왜 형제를 죽였나요?

제13대 서천왕의 동생 달가는 숙신족을 정벌한 뛰어난 명장이었어요. 그런데 서천왕의 뒤를 이어 왕이 된 봉상왕은 작은아버지인 달가를 몰래 죽여 버렸어요. 그리고 그 다음 해에는 동생인 돌고마저 죽여 버리지요.

봉상왕은 의심이 많았어요. 때문에 달가와 돌고가 반란을 일으킬지 모른다고 의심한 거예요. 그런데 봉상왕이 이렇게 된 데에는 다 이유가 있었어요. 고구려에는 가까운 친족들이 반란을 일으키는 경우가 많았거든요. 특히 고구려 제10대 산상왕부터 제14대 봉상왕까지 이런 비극이 끊이지 않았지요.

왕후 우씨와 짜고 산상왕이 고국천왕의 뒤를 이어 고구려 제10대 왕이 되자 산상왕의 형 발기는 분에 못 이겨 반란을 일으켜요. 하지만 실패하자 자살하고 말지요.

다행히 제11대 동천왕 때에는 이런 비극이 일어나지 않았어요. 동천왕에게는 형제가 없었거든요.

그러나 동천왕의 뒤를 이어 중천왕이 제12대 왕이 되자 또다시 비극이 일어났어요. 동천왕이 왕이 된 바로 그해 동생 예물과 사구가 반란을 일으킨 것이지요. 결국 동천왕은 난을 진압하고 동생들을 죽일 수밖에 없었답니다.

다시 세월이 흘러 중천왕의 뒤를 이어 서천왕이 고구려 제13대 왕이 되었어요. 그런데 이번에도 비극은 되풀이되지요. 서천왕 17년, 서천왕의 동생 일우와 소발은 병이 있다며 온천에 갔다가 그곳에서 반란을 일으킬 계획을 세웠어요.

하지만 이 사실은 서천왕의 귀에도 들어가게 되었지요. 서천왕은 높은 벼슬을 주겠다며 동생들을 궁으로 불러들여서 죽여 버렸답니다.

이처럼 고구려에서는 삼촌과 형제들에 의한 반란이 끊이지 않았어요. 때문에 봉상왕도 왕이 되자 가족들을 경계한 것이랍니다.

II. 제국이 되다 (영로 확장)

광개토 대왕은 그 이름에서 알 수 있듯이 드넓은 영토를 확장한 왕이에요. 북으로는 북만주까지 땅을 넓혔고, 서로는 후연을 멸망시키며 요동 지역을 차지했으며, 남으로는 백제를 공격해 한강 이북 지역까지 땅을 넓혔지요. 또한 신라에 침입한 왜를 물리치며 고구려를 동북아시아 최강의 제국으로 만들었답니다.

'광개토 대왕이 최고의 땅부자였다고요?' 중에서

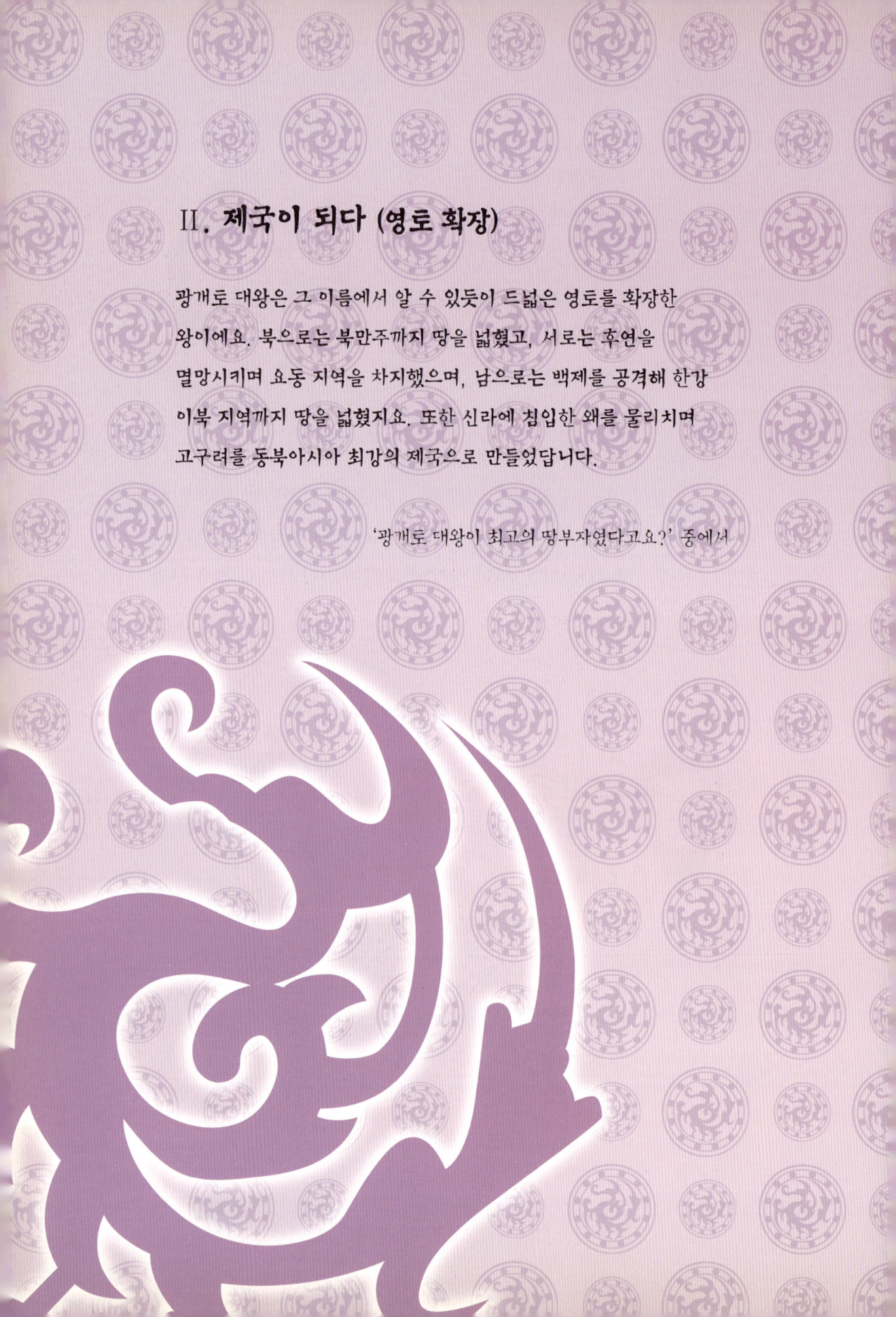

26 왕이 소금을 팔러 다녔다고요?

봉상왕의 폭정이 심해지자 국상 창조리는 그를 몰아내고 새로운 왕을 세우기 위해 을불이라는 청년을 데려왔어요.

사실 을불은 봉상왕의 조카인 왕족이었어요. 하지만 봉상왕이 자신의 자리를 노린다고 의심해 을불의 아버지 돌고를 죽여 버렸지요. 봉상왕은 을불도 죽이려 했지만 다행히 을불은 궁궐을 무사히 빠져나왔어요.

갈 곳이 없던 을불은 왕족임을 숨긴 채 음모라는 사람의 집에서 머슴살이를 하게 되었어요. 그런데 음모는 성격이 고약해서 을불을 심하게 괴롭혔어요.

한번은 개구리 울음소리가 시끄러워 잠을 못 자겠다는 거예요. 그러더니 개구리들이 울지 못하도록 을불에게 밤새 연못에 돌을 던지게 했답니다.

참다 못한 을불은 음모의 집에서 나왔지만 갈 곳이 없었어요. 그런데 운이 좋게도 재모라는 사람을 만나 소금을 팔러 다니게 되었지요. 당시에는 소금을 팔면 제법 많은 돈을 벌 수 있었거든요.

그러던 어느 날, 소금 한 말을 주기로 하고 압록강 변 사수촌 집에서 하루 머물게 되었는데, 욕심쟁이 집주인 노파가 소금을 더 달라고 요구했어요. 노파는 을불이 소금을 더 줄 수 없다고 거절하자 을불의 소금 자루 속에 몰래 자신의 신발을 넣고 을불을 도둑으로 몰았어요. 결국 을불은 소금을 모두 빼앗기고 매까지 맞아야 했지요.

하지만 국상 창조리는 소금 장수 을불을 찾아갈 수밖에 없었어요. 봉상왕이 왕이 될 만한 왕족을 모두 죽여 버려서 왕족은 을불뿐이었거든요. 결국 창조리는 봉상왕을 몰아내고, 을불을 왕으로 세우는데 그가 바로 고구려 제15대 미천왕이랍니다.

27 고구려와 백제는 왜 원수가 되었나요?

처음부터 고구려와 백제의 사이가 나빴던 것은 아니에요. 백제는 고구려에서 갈라져 나온 국가였기 때문에 두 나라는 형제나 다름없었지요.

역사적으로 두 나라가 처음 충돌한 것은 백제가 나라를 건국한 지 300여 년이 지난 286년 무렵이었어요. 당시 고구려의 서천왕은 북진 정책을 펼쳐 부여의 땅을 상당 부분 차지하게 되었지요. 그리고 다시 남하 정책을 펼쳐 대방국을 공격했답니다.

그런데 문제가 발생했어요. 당시 백제의 책계왕에게는 보과라는 왕비가 있었는데, 보과는 대방왕의 딸이었거든요. 장인어른의 나라가 망하는 것을 두고 볼 수 없었던 책계왕은 군사를 보내 대방국을 도왔지요. 이 때문에 고구려는 대방 정복을 포기하고 돌아가야 했답니다.

그러나 이때까지만 해도 고구려는 백제를 원수로 생각하지 않았어요. 그 뒤 약 80여 년 동안 고구려와 백제는 충돌하지 않았거든요. 고구려와 백제가 원수가 된 사건은 아이러니하게도 한반도가 아니라 요서 지역에서 일어났어요. 370년, 대륙을 지배하던 연나라가 멸망하자 고구려는 전에 빼앗겼던

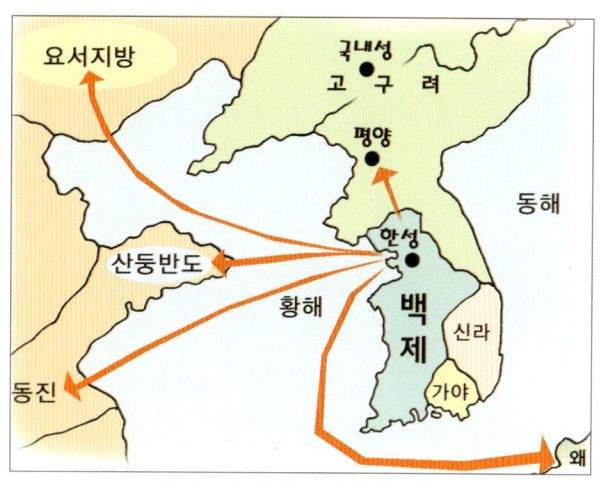

〈백제 전성기의 세력 범위〉

요서 지역을 되찾으려고 했지요. 그런데 이 당시 요서 지역을 노리는 것은 고구려만이 아니었어요. 백제도 바다를 건너 요서 지역으로 진출한 것이랍니다.

백제의 야심을 알게 된 고구려는 먼저 백제를 공격했어요. 하지만 도중에 복병을 만나는 바람에 크게 패하고 결국 요서 지역을 백제에게 내주고 말지요. 그런데 백제는 이에 만족하지 않고 고구려 왕이 있던 상평양성까지 쳐들어왔어요.

고구려는 백제의 공격을 기까스로 막아 냈지만 안타깝게도 고국원왕을 잃고 말지요. 이 사건 때문에 고구려와 백제는 원수가 되었답니다.

28 소수림왕이 붓으로 나라를 구했다고요?

고구려 제17대 왕인 소수림왕은 아버지 고국원왕 밑에서 16년이나 태자 수업을 받았어요. 하지만 갑작스런 고국원왕의 전사는 소수림왕에게도 매우 당혹스러운 일이었지요.

왕이 된 소수림왕은 당장이라도 군사를 일으켜 백제에 복수를 하고 싶었어요. 하지만 고구려의 사정은 그럴 형편이 못 되었지요. 이런 사정을 잘 아는 소수림왕은 전쟁을 일으키기보다는 먼저 나라의 기틀을 튼튼하게 해야 한다고 생각했어요. 그러기 위해서는 먼저 주변 국가들과 우호적인 관계를 맺어 평화를 유지해야만 했지요.

당시 중국은 전진, 동진 등으로 나뉘어 매우 혼란스러운 상황이었어요. 소수림왕은 이 두 나라와 중립적인 외교를 하면서 그들의 선진적인 문화를 받아들이고자 했어요. 소수림왕이 불교를 공식적으로 받아들인 것도 바로 이 때문이었지요. 당시 전진과 동진에는 불교가 성행하고 있었거든요. 이런 불교를 받아들임으로써 고구려는 중국의 선진 문물을 받아들일 수 있었고, 이들 나라와의 우호 관계도 유지할 수 있었지요. 또한 불교를 통해 고구려 사람들을 하나로 단합시킬 수도 있었어요. 소수림왕은 여기서 그치지 않고 국립 교육 기관인 태학을 세우고 법률 체계를 정비해 율령도 반포했어요. 이런 개혁을 통해 고구려는 많은 인재를 양성하고, 다양한 민족들이 고구려에서 자유롭게 활동할 수 있도록 도울 수 있었답니다.

 소수림왕의 이런 노력은 이후 광개토 대왕 때 그 꽃을 피우게 됩니다. 또한 훗날 장수왕은 소수림왕이 하지 못한 복수의 꿈도 멋지게 이루지요. 당장의 복수심보다 먼 미래를 내다본 소수림왕의 선택이 참으로 탁월하지요?

29 백제와 신라 왕이 노비가 되기를 원했다고요?

광개토 대왕비에 보면 '노객'이란 말이 두 번 나와요.

한 번은 396년의 기록이에요. 당시 백제의 왕이었던 아신왕은 호시탐탐 고구려를 공격할 계획을 세웠어요. 하지만 여러 차례에 걸친 백제의 공격에도 고구려 군대는 끄떡도 하지 않았지요. 오히려 화가 난 광개토 대왕은 손수 수군을 이끌고 가 한강 변에 있는 백제의 수도를 함락시켜 버렸어요. 결국 기세 좋던 아신왕은 어쩔 수 없이 광개토 대왕에게 무릎을 꿇으면서 노객이 되겠다고 했답니다.

또 한 번은 399~400년의 일이에요. 비록 광개토 대왕에게 항복하

기는 했지만 복수심에 불타 있던 아신왕은 왜에게 신라를 침입하게 했어요. 그러자 다급해진 신라는 고구려에 사신을 보내 도움을 요청했어요. 이때 신라의 사신은 자신의 왕인 내물왕을 노객이라 칭했답니다.

그런데 노객이란 무엇일까요? 노객이란, 3세기경부터 널리 쓰인 말로 노비와 같이 천한 존재를 가리켜요. 하지만 진짜 노비를 말하는 것은 아니겠지요. 명색이 왕인데 다른 나라 왕의 노비가 될 수는 없잖아요. 고구려 때는 노객이라는 말이 신하가 임금에게 자신을 낮추어 부르는 말로 쓰이기도 했어요. 그러니까 백제와 신라의 왕이 모두 광개토 대왕의 신하가 되기로 맹세한 것이지요. 비록 노비는 아니지만 한 나라의 왕이 자신을 노객이라 칭했던 것을 보면 당시 고구려의 위상이 얼마나 높았는지 잘 알 수 있답니다.

30 적국인 신라를 도와 주었다고요?

400년, 신라 내물왕의 요청으로 광개토 대왕은 5만이나 되는 병사를 신라로 보내 왜를 무찔렀어요.

사실 이 당시 신라는 고구려와 아주 밀접한 관계를 맺고 있었어요. 391년에 신라는 고구려에 볼모를 보내고 충성을 맹세했었답니다. 때문에 고구려가 신라를 도운 것은 어쩌면 당연한 일이에요.

그러나 그보다 더 큰 이유가 있었어요. 당시 고구려는 힘이 약했던 신라보다 백제를 더욱 경계하고 있었는데, 당시 왜는 백제를 어버이의 나라로 여기며 섬기고 있었어요. 때문에 만약 왜가 신라를 정복한다면 백제의 힘은 더욱 강해질 것이 분명했고, 고구려는 이 점을 경계한 것이지요.

결국 고구려는 신라 땅에 침입한 왜군을 격퇴하고 뒤이어 가야 지방으로 도망간 왜군마저 완전히 물리쳐 버렸어요. 그 바람에 당시 가야 연맹을 주도하던 금관가야는 고구려군의 침입을 받아 몰락의 길을 걷게 되었지요.

한편 고구려의 도움을 받은 신라는 이후 100여 년간 고구려를 받드

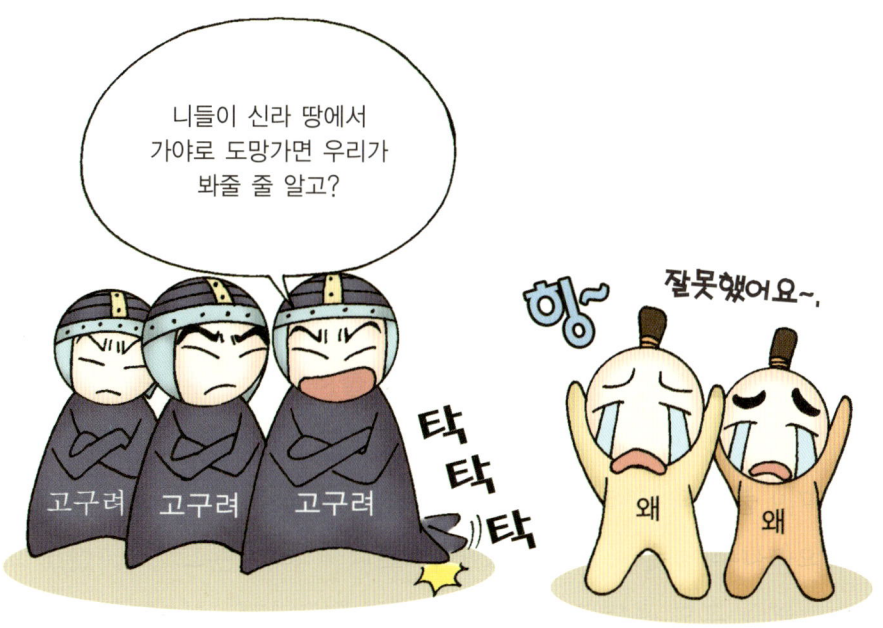

는 신하의 나라가 되어야 했어요. 하지만 그 덕분에 고구려의 선진 문물을 받아들일 수 있었고, 이후 안정된 정치를 바탕으로 삼국을 통일할 수 있는 기반을 마련하게 되었답니다.

31 광개토 대왕이 최고의 땅부자였다고요?

광개토 대왕은 그 이름에서 알 수 있듯이 드넓은 영토를 확장한 왕이에요. 북으로는 북만주까지 땅을 넓혔고, 서로는 후연을 멸망시키며 요동 지역을 차지했으며, 남으로는 백제를 공격해 한강 이북 지역까지 땅을 넓혔지요. 또한 신라에 침입한 왜를 물리치며 고구려를 동북아시아 최강의 제국으로 만들었답니다.

하하~ 이 정도 가지고 놀라기는!

그러나 이것이 고구려 땅의 전부는 아니에요. 광개토 대왕의 뒤를 이은 장수왕은 수도를 평양으로 옮기고 본격적으로 남하 정책을 폈지요. 그리고 한강 이남으로 진출해 충청도와 경상북도 지역까지 세력을 넓히며 마침내 광개토 대왕이 차지했던 땅보다 더욱 넓은 땅을 차지하게 되었답니다.

그러나 장수왕도 가장 넓은 땅을 차지한 왕은 아니에요. 장수왕의 손자 문자왕은 부여의 명맥을 겨우 유지하던 북부여마저 손에 넣으며 고구려의 최대 영토를 차지하는 왕이 되거든요. 하지만 문자왕이 그런 영토를 차지하게 된 것은 뛰어난 용병술로 광대한 영토를 넓힌 광개토 대왕이 없었다면 불가능한 일이었겠지요.

32 장수왕은 왜 평양으로 내려갔나요?

427년, 장수왕은 국내성을 버리고 평양으로 도읍을 옮겼어요. 도읍을 옮긴 장수왕은 본격적으로 남하 정책을 펼쳐 백제와 신라를 위협하지요. 하지만 장수왕이 오직 남하 정책을 위해 도읍을 옮겼다고는 볼 수 없어요. 사실 장수왕이 본격적으로 남하 정책을 펼친 것은 도읍을 옮긴 지 48년이나 지난 475년의 일이거든요.

그 당시 백제 개로왕이 북위에 보낸 국서를 보면 장수왕이 많은 귀족들을 죽였다는 말이 나와요. 이는 장수왕과 왕권을 위협하는 귀족들 간에 큰 다툼이 있었다는 것을 의미하지요. 이런 맥락에서 보면 장수왕이 도읍을 옮긴 진짜 이유는 왕권을 강화하기 위함이라고 볼 수 있답니다.

도읍을 옮기면 귀족들도 왕을 따라 함께 이사를 가야 했어요. 하지

만 모두가 왕을 따라갈 수는 없었을 거예요. 자신들의 집과 땅을 모두 두고 떠날 수는 없는 노릇이니까요. 게다가 새로 이사한 평양에는 원래부터 그곳에 살고 있던 귀족들이 있었고, 이 귀족들은 새로 이사 온 귀족들을 좋아하지 않았어요. 결국 새로 이사 온 귀족과 기존의 귀족들이 다투는 사이에 왕의 힘은 저절로 강해졌지요. 장수왕은 바로 이 점을 노리고 도읍을 옮긴 것이에요. 하지만 결과적으로 평양으로 도읍을 옮김으로서 적극적으로 남하 정책을 펼 수 있게 되었답니다.

33. 고구려는 왜 백제에 간첩을 보냈나요?

백제는 광개토 대왕에게 두 번이나 패한 이후 고구려에 복종했어요. 하지만 다른 한편으로는 군사를 키우며 호시탐탐 복수할 꿈을 키우고 있었지요. 장수왕도 이 사실을 잘 알고 있었어요. 백제가 북위에 사신을 보내 함께 고구려를 공격하자고 청했는데, 북위가 오히려 이 사실을 고구려에 알려 버렸거든요.

백제의 속마음을 알게 된 장수왕은 백제를 혼내 주기로 마음먹었어요. 하지만 그 당시 고구려는 귀족들 간의 다툼이 일어난 뒤라 함부로 전쟁을 일으킬 처지가 못 되었지요. 그때 도림이라는 승려가 장수왕을 찾아와 계책을 내놓았답니다.

도림의 계책을 들은 장수왕은 웬일인지 크게 화를 내며 도림을 백제로 내쫓아 버렸어요. 도림은 매우 분개하며 개로왕을 찾아갔지요. 개로왕은 이런 도림이 의심스러웠지만 함께 바둑을 두면서 금세 친해졌어요. 개로왕은 바둑을 끔찍이 좋아했거든요.

개로왕의 믿음이 깊어지자 도림은 새로 궁궐을 지으면 백제는 더욱 강력한 나라가 될 것이라고 말했어요. 개로왕은 이런 도림의 말이 옳다고 여기고 새로운 궁궐을 짓기 시작했어요.

궁궐을 짓는 것은 엄청난 국력을 소비해야 하는 일이었어요. 많은 백성들이 공사에 참여해야 하고 궁궐과 함께 둑과 성도 쌓아야 했거든요. 때문에 공사가 진행될수록 백성들의 원망은 깊어졌어요. 그리고 어느덧 백제의 국력은 바닥을 드러내기 시작했지요.

바로 이때 고구려군이 쳐들어왔어요. 이미 힘을 잃은 백제는 7일 만에 수도를 내주고 개로왕도 죽음을 당하고 말지요.

사실 이 모든 게 도림의 계책이었어요. 도림은 고구려가 백제에 보낸 간첩이었지요. 이후 백제는 수도를 서울의 위례성에서 지금의 충청도 공주로 옮겼답니다.

34 고구려 왕이 백제 여인을 사랑했다고요?

고구려 제22대 왕인 안장왕은 본명이 흥안이에요. 아버지 문자왕의 뒤를 이어 왕이 된 그에게는 큰 고민이 있었어요. 그는 한주라는 여인을 사랑했는데, 그녀는 백제 땅에 살고 있었거든요.

안장왕이 한주를 처음 만난 것은 태자로 있을 때였어요. 당시 흥안은 아버지의 밑에서 국가의 중대사를 맡아 보고 있었지요. 한 번은 명을 받아 백제 땅으로 염탐을 하러 갔다가 지금의 고양시에 해당하는 곳에서 한주라는 여인을 만나게 되었어요. 한주를 보고 첫눈에 반한 흥안은 신분을 속인 채 한주와 사랑을 키워 나갔지요. 헤어져야 할 시간이 다가오자 흥안은 자신의 신분을 밝히고 꼭 데리러 오겠다는 말을 남긴 채 고구려로 돌아왔답니다.

시간이 흘러 왕이 된 안장왕은 한주를 다시 만나려고 찾기 시작했어요. 그런데 그때 놀라운 소식이 전해졌어요. 안장왕이 한주를 떠난 뒤 백제 태수가 한주에게 청혼을 했는데, 이를 거절하자 백제 태수가 한주를 옥에 가두었다는 거예요. 소식을 들은 안장왕은 을밀에게 한주를 구해 올 것을 명령했어요.

광대패로 변장한 을밀 일행이 백제 땅에 도착했을 때, 마침 백제 태수의

생일잔치가 열리고 있었어요. 이 자리에서 백제 태수는 당장 한주를 죽이라 명령했어요. 그런데 그때 광대패 복장을 하고 있던 을밀 일행이 감춰 두었던 무기를 꺼내 들고는 고구려의 대군이 이미 이곳에 쳐들어왔다고 외쳤어요. 이에 놀란 태수와 백제 군사들은 황급히 도망갔고, 을밀 일행은 무사히 한주를 구해 고구려로 돌아왔답니다.

그 뒤 극적으로 다시 만난 안장왕과 한주는 결혼해 행복하게 살았다고 해요. 어때요, 국경을 초월한 사랑 이야기가 아름답지 않나요?

35 메뚜기 때문에 고구려가 망할 뻔했다고요?

제23대 안원왕이 고구려를 다스리는 시기에 고구려는 외침을 거의 받지 않았어요. 오히려 중국의 동위와 서위는 서로 고구려와 화친을 맺으려고 노력했지요. 백제 또한 그 세력이 매우 약해지던 시기라 감히 고구려를 넘보지 못했어요. 그럼에도 불구하고 고구려는 평온하지 못했어요. 자연재해가 끊이지 않았거든요.

535년, 여름에는 대홍수가 일어나 수많은 집과 재산이 물에 떠내려가고 많은 사람들이 죽었어요. 그리고 그해 겨울에는 지진까지 일어났고, 그 이듬해에는 가뭄이 찾아와 들판의 곡식들이 말라 갔지요. 엎친 데 덮친 격으로 가을에 메뚜기 떼가 습격해 그나마 남아 있던 들판의 곡식들을 먹어 치워 버렸답니다.

이렇게 고구려가 자연재해로 큰 피해를 입자 백제 성왕은 고구려의 우산성을

공격해 왔어요. 다행히 고구려는 적군을 막아 내기는 했지만 국력이 약해질 대로 약해져 있었기 때문에 복수할 엄두조차 낼 수 없었어요.

이후에도 고구려에는 여름에 우박이 내리는 등의 자연재해가 계속되었어요. 이렇게 무서운 자연재해 앞에서는 강력한 고구려도 어쩔 수 없었답니다.

36 바보 온달은 정말 바보였나요?

고구려 제25대 왕인 평원왕에게는 평강이라는 딸이 있었어요. 평강은 어려서부터 잘 울었는데, 평원왕은 그럴 때마다 바보 온달에게 시집을 보낸다고 겁을 주었지요. 그런데 웬일인지 평강은 온달의 이름만 들으면 울음을 멈추었대요.

평강 공주가 16세가 되자 평원왕은 평강을 상부 고씨 집안에 시집보내려 했어요. 그런데 평강이 평원왕의 말을 거역하고 어릴 적 들었던 대로 온달에게 시집을 가겠다고 고집을 부리는 거예요. 평원왕은 공주의 말에 크게 역정을 냈지만 평강의 고집을 꺾을 수 없었어요. 결국 평강은 궁 밖으로 나가 바보 온달을 찾아갔답니다.

세월이 흘러 고구려에 큰 사냥 대회가 열렸어요. 평원왕을 비롯해 많은 사람들이 참여한 이 사냥 대회에서 유독 한 청년이 뛰어난 사냥 실력을 보이며 모두의 주목을 받았어요. 평원왕이 청년을 크게 칭찬하며 이름을 묻자 청년은 자신이 온달이라 대답했어요.

평강이 온달에게 시집가기 전까지 온달은 눈이 보이지 않는 어머니

를 위해 밥을 빌러 다녀야 했어요. 때문에 남들이 온달을 보고 놀려도 온달은 그저 웃을 수밖에 없었지요. 하지만 평강 공주와 결혼한 뒤 온달은 완전히 다른 사람이 되었어요. 평강 공주가 가져온 값비싼 패물 덕분에 더 이상 구걸을 하지 않아도 되었으니까요. 평강은 온달에게 말타기와 무예를 가르쳐 고구려의 최고 무사로 만들어 놓은 거예요.

이후 평원왕의 신임을 얻은 온달은 여러 전투에 참여하며 큰 공을 세웠어요. 하지만 아차성 전투에서 신라군이 쏜 화살을 맞고 그만 생을 마감하게 되었지요. 그런데 장례를 치루기 위해 온달의 관을 옮기려 하자 관이 꿈쩍도 안 하는 거예요. 아무래도 자신을 바보에서 고구려 최고의 장수로 만들어 준 평강 공주에 대한 미안함 때문이었겠지요. 결국 평강 공주가 달려와 온달의 넋을 달래자 비로소 관이 움직였다고 해요.

37 사이좋던 수나라와는 왜 싸우게 되었나요?

수나라와 고구려의 사이가 좋았을 때는 수나라가 중원 대륙을 통일하기 전이었어요. 이 당시에 수나라는 남쪽의 진나라와 중원의 패권을 놓고 경쟁해야 했기 때문에 고구려와의 관계를 악화시킬 이유가 전혀 없었지요. 그런데 수나라의 문제가 중원 대륙을 통일하더니 고구려와 돌궐 등 주변의 북방 민족들도 자기의 손아귀에 넣으려고 하는 거예요.

597년, 영양왕 8년에 기세가 등등해진 수나라는 무척이나 모욕적인 글을 고구려에 보내왔어요. 고구려는 신하의 나라이니 수나라에 충성을 맹세하라는 것이었지요. 이에 영양왕은 더욱 모욕적인 글로써 수 문제의 코를 납작하게 해 주려 했답니다.

그런데 이때 강의식 장군이 나서서 이런 모욕적인 글에는 붓보다도 칼이 더욱 어울린다고 말했어요. 영양왕도 이런 강의식 장군의 말이 옳다 여기고 강의식 장군에게 5만 대군을 주어 임유관으로 향하게 했

지요. 그리고 영양왕 본인도 손수 1만의 말갈 병사를 이끌고 요하를 건너 수나라의 기지를 공격했어요. 이로써 수나라와 고구려 간의 평화는 깨지고 말아요.

그런데 이처럼 고구려가 먼저 수나라를 공격한 것은 단지 수나라가 모욕적인 글을 보내 와서 만은 아니었어요. 수나라의 야심을 잘 알고 있던 고구려는 수나라에게 굴복하지 않는 한 수나라를 먼저 공격하는 것이 고구려에 더 유리하다고 판단한 것이지요.

고구려의 선제공격을 받은 수나라는 불과 한 달여 만에 30만 대군을 동원해 고구려를 침략해 왔어요. 30만이라는 대군은 미리 전쟁 준비를 해 놓지 않으면 도저히 한 달만에 동원할 수 있는 숫자가 아니었지요.

38 하늘이 수나라 군대에게 천벌을 내렸다고요?

고구려의 선제공격을 받은 수나라는 30만 대군을 각각 좌군과 우군으로 나누어 고구려를 공격해 왔어요. 이것이 바로 수나라의 1차 침입이에요. 그런데 중국 측의 기록에 따르면, 육로로 나간 좌군은 요하를 건널 무렵 장마를 만나 군량을 모두 잃고 역병까지 돌아 더 이상 고구려로 진군할 수 없었다고 해요. 또한 바닷길로 나간 우군은 도중에 폭풍을 만나 병선의 대부분을 잃고 돌아와야만 했다고 해요.

그러나 좌군은 홍수와 역병에

우군은 폭풍우에······.

결국 수나라의 30만 대군은 자연재해 때문에 제대로 싸워 보지도 못하고 전쟁을 포기할 수밖에 없었다는 것이지요.

본래 수나라가 군대를 둘로 나눈 것은 바닷길로 나간 우군이 먼저 고구려 땅에 도착해 좌군에게 식량을 대 주기 위해서였어요. 우군을 지휘하던 주나후는 고구려를 혼란에 빠뜨리기 위해 우군이 평양을 공격하러 간다는 헛소문을 퍼트렸지요.

그러나 고구려의 강의식 장군은 이러한 수나라의 의도를 이미 꿰뚫고 있었어요. 그는 미리 바다로 나가 기다렸다는 듯이 수나라의 우군을 공격해 수나라군의 배에 가득 실려 있던 군량을 모두 수장시켜 버렸지요. 이렇게 되자 수나라군의 사기는 크게 떨어졌고 고구려군은 수나라에 총공격을 감행해 수나라의 대군을 모조리 무찌를 수 있었답니다.

결국 수나라의 30만 대군이 크게 패한 것은 자연재해 때문이 아니라 고구려의 놀라운 전략 덕분이었던 거예요. 그럼에도 불구하고 중국 역사가들이 이 패배를 자연재해 탓으로 돌리는 것은 그 패배가 너무나 처참하고 치욕스러웠기 때문이랍니다.

39 을지문덕 장군은 왜 적장을 칭찬했나요?

612년, 수 양제는 113만 대군으로 또다시 고구려를 침략했다가 요동성이 쉽사리 함락되지 않자 우중문에게 따로 30만 대군을 주어 고구려의 평양성을 치라고 명령했어요. 그런데 웬일인지 을지문덕의 군대는 일곱 번 싸워 일곱 번 모두 지고 쫓기는 신세가 되고 말았어요.

그렇게 수나라 군대에 쫓겨 평양성이 멀지 않은 대동강 근처에 이르자 을지문덕 장군은 우중문 장군에게 시를 한 편 적어 보냈어요. 그런데 그 내용이 구구절절 우중문 장군을 칭찬하는 내용인 거예요. 민족의 영웅이라 불리는 을지문덕 장군이 왜 이리도 형편없는 모습을 보인 것일까요?

사실 이 모든 게 을지문덕의 계략이었어요. 당시 요동성을 피해 먼 길을 돌아온 우중문의 수나라 군대는 식량이 크게 부족했어요. 을지문덕은 바로 이것을 확인하기 위해 적진으로 가서 거짓 항복을 한 거예요. 수나라 진영을 확인하고 돌아온 을지문덕은 군사를 보내 적의 보급로를 끊는 한편 계속 패하는 척하면서 적군을 유인했지요.

이렇게 되자 수나라 군대는 더 이상 싸움을 할 수 없는 지경에 이르게 되었어요. 그리고 바로 이때 을지문덕은 우중문에게 시를 적어 보냈어요. 사실 을지문덕의 시는 우중문의 어리석음을 조롱하는 것이었지요. 그제야 자신이 속았음을 안 우중문은 서둘러 군대를 돌려 퇴각했어요. 하지만 을지문덕의 고구려 군대는 이 기회를 놓치지 않고 적

여수장우중문시 (與隋將于仲文詩)

神策究天文 (신책구천문)이요	신기한 책략은 하늘의 이치를 다했고
妙算窮地理 (묘산궁지리)라.	오묘한 계책은 땅의 이치를 꿰뚫었노라.
戰勝功旣高 (전승공기고)하니	전쟁에 이겨 이미 공이 높으니
知足願云止 (지족원운지)라.	만족함을 알고 그만두기를 바라노라.

군을 추격해 마침내 적군이 살수(청천강)에 이르렀을 때 미리 준비해 놓은 둑을 터트렸지요. 그리고 총공격을 해 크게 이기는데, 이것이 바로 그 유명한 살수 대첩이랍니다.

40 사슴발 부인도 을지문덕을 도왔다고요?

고구려가 수나라의 대군을 물리쳤지만 이는 을지문덕 혼자만의 공이 아니었어요. 고구려 군인과 백성들이 모두 똘똘 뭉쳐 싸운 덕분이지요. 이는 전해 내려오는 민간 설화에도 잘 나타나 있답니다.

고구려에는 사슴발 모양의 발을 가진 여인이 있었다고 해요. 이 여인에게는 마찬가지로 사슴발 모양을 한 자식들이 있었는데, 어릴 적에 수나라로 떠나보냈어요.

그런데 수나라 대군이 쳐들어왔을 때 수나라군에 사슴발 모양을 한 장수들이 있다는 소문이 들려온 거예요. 이 소문을 들은 부인은 이들이 자기의 아들들이라 확신하고 수나라 진영으로 찾아갔어요. 사슴발 여인을 본 사슴발 장수들이 어머니를 알아보지 못하자 여인은 가슴을 풀어헤치고 젖을 짜 사슴발 장수들에게 맛보게 했어요. 젖을 맛본 장수들은 그제야 어머니를 알아보고 고구려에 투항했다고 해요.

이와 같은 이야기는 평양시 대성산 광법사 사적비에 적혀 지금까지 전해 내려오고 있지요.

평안도 안주사의 칠불사 전설도 마찬가지예요. 고구려군은 살수의 물을 막고 수나라 군대가 지나기를 기다리고 있었어요. 그런데 수나라 군대는 의심하며 강을 건너기를 망설는 거예요.

이때 7명의 병사들이 나서서 스님으로 꾸미고 수나라 군사들이 보는 앞에서 강을 건넜어요. 수나라 군대는 그제야 안심하고 일제히 강을 건너기 시작했고, 바로 이 때 고구려군은 막아 두었던 둑을 터트려 적을 크게 무찔렀지요. 7명의 용감한 병사들이 없었다면 이 작전은 결코 성공하지 못했을 거예요.

나 사슴발 부인의 활야도 기어해 주세요~!

41 조선의 왕도 을지문덕을 존경했다고요?

김부식이 지은 〈삼국사기〉에는 수나라의 대군을 막아 낸 것은 을지문덕 한 사람의 공이라고 기록하고 있어요. 안정복도 〈동사강목〉에서 안시성의 양만춘과 더불어 을지문덕의 살수 대첩 덕분에 다른 나라가 우리나라를 함부로 침범하지 못했다고 기록했고, 신채호는 을지문덕이 우리나라 4,000년 역사에 최고의 위인이라며 칭송했지요. 이처럼 세월이 흘러 고구려는 멸망했지만 후대의 사람들은 여전히 을지문덕을 기억하고 있어요. 을지문덕에 대한 사랑은 여러 일화에서도 찾아볼 수 있지요.

조선이 생긴 지 얼마 안 된 어느 날, 창업 공신인 조준은 명나라의 사신 축맹과 청천강을 보면서 함께 술을 마시고 있었어요. 이때 두 사

살수 질펀하게 흘러 푸른 하늘 출렁이는데, 수나라 군사 백만 명을 물고기 뱃속에 장사 지냈네. 지금까지 어부와 나무꾼의 딸에 남아 있으니, 나그네의 비웃음 거리에 지나지 않네.

람은 번갈아 가며 시를 지어 자기 나라를 칭송했는데, 조준이 을지문덕과 살수 대첩에 대한 시를 짓자 축맹은 더 이상 시를 짓지 못하고 붓을 내던졌다고 하지요.

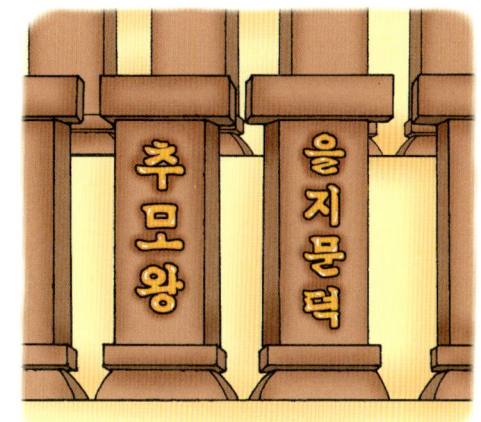

을지문덕에 대한 사랑은 조선의 왕들도 마찬가지였어요. 양성지는 세조의 명을 받고 국가에서 제사를 모실 12명의 영웅과 24명의 왕을 선정했는데, 이 중에는 고구려를 세운 추모왕과 함께 을지문덕의 이름이 있었다고 해요. 또한 숙종은 을지문덕을 존경해 을지문덕을 모신 사당의 간판을 다시 만들고 을지문덕의 제사에 많은 신경을 썼다고 해요.

뿐만 아니라 20세기 초 나라를 구하고자 일어선 의병들도 이순신과 함께 을지문덕의 활약상을 그린 노래를 지어 부르며 구국의 의지를 불태웠답니다.

42 금당벽화를 하루 만에 그렸다고요?

고구려 승려 담징은 학문이 뛰어나고 그림 솜씨도 매우 좋았다고 해요. 왜국은 이런 담징에게 법륭사의 벽화를 부탁했어요.

그런데 법륭사에 온 지 몇 달이 지났지만 담징은 벽화를 그릴 생각은 하지 않고 밤새도록 목탁을 두드릴 뿐이었어요. 왜국의 승려들은 담징이 게으름을 피운다고 욕을 했지만 담징은 어떤 변명도 하지 않았지요.

사실은 담징이 왜에 있을 때, 수양제가 백만 대군을 동원해 고구려를 침략해 온 거예요. 고구려의 운명이 위태로운 상황에서 담징은 나라가 걱정되어 도저히 그림을 그릴 수가 없었던 것이지요.

그러던 어느 날, 법륭사 주지 스님이 황급히 달려와 담징에게 기쁜 소식을 전해 주었어요. 바로 을지문덕 장군이 살수 대첩으로 수나라의 백만 대군을 물리쳤다는 소식이었지요. 이 소식을 들은 담징은 부처님께 큰절을 올리고 그제야 붓을 잡고 그림을 그려 나갔어요. 그리고 단 하루 만에 그림을 완성했는데, 이것이 그 유명한 법륭사의 금당벽화랍니다.

금당벽화는 경주의 석굴암, 중국의 운강석불과 함께 동양의 3대 미술품으로 불려요. 하지만 안타깝게도 1948년에 불타 버리고 말았지요. 일본은 이 화재로 큰 충격을 받고 문화재 보존법까지 만들었다고 하니, 금당벽화가 얼마나 대단했는지 잘 알 수 있지요?

한편 담징은 왜국에 유교의 5경(시경, 서경, 역경, 예기, 춘추), 종이, 먹, 맷돌 등을 전해 주어 문화 발전에 크게 기여했어요. 이 때문에 지금도 많은 일본인들이 담징을 기억하고 존경하고 있답니다.

43 중국엔 만리장성, 고구려엔 천리 장성?

우리나라 역사상 천리 장성은 두 개가 있어요. 하나는 고려 때 여진족과 거란족의 침입에 대비해 만든 것이고, 또 하나는 연개소문이 당나라의 침입에 대비해 만든 것이지요.

연개소문이 16년이나 공들여 만든 천리 장성은 북쪽의 부여성에서 비사성까지 놓여 있어요. 그런데 천리 장성은 만리장성처럼 하나의 긴 성곽을 이루고 있는 장성이 아니라, 각각의 개별적인 성들로 이루어져 있어요. 이런 성들은 고구려의 지형을 잘 이용해 늘어져 있어서 적들이 봤을 때는 각각의 성들이 서로 쭉 연결되어 있는 것처럼 보이지요. 이 때문에 천리 장성이라고 불렸던 거예요.

방어에 매우 효율적인 천리 장성에 비해 만리장성은 방어하기에 효율적이지 못했어요. 만리장성은 성과 성 사이가 성곽으로 쭉 연결되

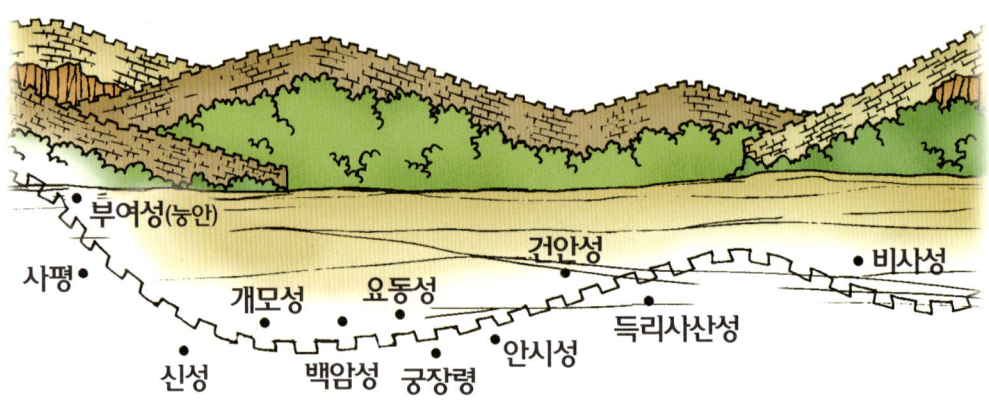

어 있어 방어하는 데 많은 인원이 필요했고, 한쪽 성이 뚫리게 되면 성 전체가 뚫리는 형상이 되어 버리고 말았거든요.

그러나 고구려의 천리 장성은 각각 개별적이어서 하나의 성이 뚫리더라도 다른 성들은 여전히 무사할 수 있었어요. 또한 언제든지 다른 성에서 군사들을 지원받아 위기에 처한 성을 도울 수 있었기 때문에 적들은 하나의 성을 함락시켰다고 해도 결코 안심할 수가 없었어요. 결국 천리 장성을 완전히 함락시키려면 국경을 따라 있는 모든 성들을 점령해야 했던 것이지요.

이처럼 고구려의 천리 장성은 비록 만리장성보다 그 규모가 작을지는 몰라도 훨씬 효율적이고 막강한 방어 장치였답니다.

III. 역사 속으로 사라지다 (멸망과 그 이후)

고구려는 망했지만 당나라는 여전히 고구려 사람들을 두려워했어요. 고구려 사람들은 용맹할 뿐만 아니라 나라를 사랑하는 마음도 강해서 언제 반란을 일으킬지 모르니까요. 그래서 당나라는 반란을 막기 위해 고구려 사람들을 뿔뿔이 흩어 놓았어요. 보장왕처럼 수도인 장안으로 끌고 가기도 했고, 요동 땅이나 당나라 변두리로 끌고 가 철저한 감시 속에 살게 하기도 했지요. 또한 고구려의 옛 땅에 안동도호부를 설치해 남아 있는 고구려 유민들을 지배하려고도 했답니다.

'고구려가 망한 뒤 사람들은 어떻게 되었나요?' 중에서

44 연개소문은 왜 왕을 죽였나요?

고건무는 을지문덕과 함께 수나라의 대군을 물리친 고구려의 영웅이었어요. 그런 그가 영양왕의 뒤를 이어 고구려의 제27대 왕인 영류왕이 되지요.

영류왕은 고구려가 더 이상 전쟁에 휘말리는 것을 원하지 않았어요. 때마침 수나라를 멸망시키고 중원의 새로운 지배자가 된 당나라도 고구려에 평화의 메시지를 전해 왔지요. 이렇게 되자 고구려와 당나라 사이에는 오랫동안 평화가 지속될 듯했답니다.

그러나 당나라는 나라를 세운 지 얼마 되지 않아 그 야욕을 숨기고 있었을 뿐, 고구려와의 진정한 평화를 원하지 않았어요. 당나라는 진대덕을 보내 고구려를 염탐하는 한편, 전쟁의 명분을 만들기 위해 고구려에 점차 무리한 요구를 하기 시작했지요. 전쟁을 원하지 않았던 영류왕은 순순히 당나라의 요구를 들어주었답니다.

영류왕의 평화 정책은 귀족들에게도 환영할 만한 일이었어요. 오랜

평화는 귀족들이 재산을 더욱 늘릴 수 있는 기회였으니까요. 하지만 모두가 영류왕의 정책에 찬성한 것은 아니었어요. 그 대표적인 인물이 연개소문이었지요.

이렇게 연개소문이 공공연히 영류왕의 정책에 반대하자 영류왕은 귀족들과 함께 연개소문을 제거할 음모를 꾸몄어요. 하지만 이를 눈치챈 연개소문이 먼저 선수를 치지요.

연개소문은 잔치를 벌인다며 귀족들을 초대했어요. 그리고는 아무것도 모르고 순순히 잔치에 참여한 귀족들을 무참히 살해하고 곧바로 궁궐로 달려가 영류왕마저 죽이지요. 그리고 영류왕의 조카인 장을 왕으로 삼는데, 그가 바로 고구려 제28대 왕이자 마지막 왕인 보장왕이에요. 이처럼 왕까지 갈아치운 연개소문은 스스로 대막리지에 오르며 고구려의 실질적인 지배자가 된답니다.

45 토끼의 꾀에 연개소문이 속아 넘어갔다고요?

642년, 백제의 공격으로 큰 위기에 몰린 신라는 고구려에 도움을 요청했어요. 그때 사신으로 간 사람은 후에 태종 무열왕이 되는 김춘추였지요. 보장왕은 연개소문을 보내 김춘추를 맞이하게 했어요. 김춘추가 찾아온 이유를 잘 알고 있던 연개소문은 이런 김춘추를 이용하기로 마음먹었답니다.

아니나다를까 김춘추는 백제를 공격해 달라고 요청했어요. 그러자 연개소문은 그에 대한 보답으로 고구려의 옛 땅이지만 지금은 신라가 차지한 조령 이북의 땅을 달라고 요구했어요. 하지만 이것은 김춘추로서는 도저히 들어줄 수 없는 요구였지요. 김춘추가 거절하자 연개소문은 매우 화를 내며 김춘추를 가둬 버렸어요. 그야말로 김춘추는 혹을 떼러 왔다가 혹을 붙인 신세가 되고 말았답니다.

살길을 찾아야 했던 김춘추는 보장왕이 총애하는 신하 선도해에게 뇌물을 바치고 조언을 구했어요. 선도해는 용왕을 속이고 목숨을 구한 토끼와 거북의 이야기를 해 주었지요. 선도해의 이야기를 들은 김춘추는 크게 깨닫고 그 즉시 보장왕과 연개소문에게 자기가 신라로 돌아가면 반드시 땅을 돌려주겠다고 약속을 했답니다.

하지만 무사히 신라로 돌아온 김춘추는 땅을 돌려주지 않았어요. 토끼가 용왕에게 간을 가져다 주지 않은 것처럼 말이지요. 이 사건 이후 신라는 고구려 대신 당나라와 힘을 합쳐 백제와 고구려를 연달아 멸망시켰답니다.

만약 선도해가 김춘추에게 토끼와 거북 이야기를 해 주지 않았다면, 혹은 연개소문이 김춘추에게 무리한 요구를 하지 않았다면, 삼국 통일의 역사는 어떻게 달라졌을지 몰라요.

46 안시성 앞에 높은 산이 생겼다고요?

형과 동생을 죽이고 아버지를 협박해 당나라의 제2대 왕이 된 당 태종은 연개소문이 왕을 죽이고 대막리지가 된 것을 벌한다며 적반하장격으로 십만 대군을 이끌고 고구려에 쳐들어왔어요.

처음 당나라 군대의 기세는 대단했어요. 당나라 군대는 개모성, 요동성, 백암성을 연달아 무너뜨리고 안시성으로 몰려들었지요.

이때 연개소문은 안시성을 구하기 위해 고연수에게 15만의 병력을 주어 안시성을 돕도록 했어요. 하지만 고연수가 이끄는 고구려군은 크게 패하고 고연수는 어이없게도 당나라에 항복해 버렸어요. 이렇게 되자 안시성은 매우 위태로운 지경에 놓인 듯했답니다.

그러나 안시성은 당나라군이 쉽사리 무너뜨릴 수 있는 성이 아니었어요. 안시성 성주와 병사들은 온 힘을 다해 당나라의 공격을 막아 냈지요. 쉽사리 안시성이 함락되지 않자 당 태종은 성 앞에 성보다 더 높은 산을 쌓아 공격할 계획을 세웠어요. 당나라 군대는 60일에 걸쳐 그 높이가 안시성의 두 배나 되는 흙산을 쌓았지요. 그런데 그 흙산이 갑자기 내린 비에 무너지면서 안시성의 벽 일부를 덮쳤어요. 하지만 안시성 성주는 당황하지 않고 오히려 재빨리 흙산을 점령해 버렸지요. 당나라군이 공들여 만든 흙산이 순식간에 고구려의 방어 기지가 된 거예요. 결국 당 태종은 안시성 공격을 포기하고 후퇴 명령을 내릴 수밖에 없었답니다.

당나라군이 물러갈 때 안시성 성주는 당 태종에게 손을 흔들어 작별의 인사를 했다고 해요. 당 태종도 답례로 안시성 성주에게 비단 백 필을 보내고 그의 뛰어난 용병술을 칭찬했다고 하네요.

47 같은 편인 안시성을 공격했다고요?

안시성은 전략적으로 아주 중요한 위치에 있었어요. 안시성은 수도인 평양성으로 가는 통로에 있었기 때문에 안시성이 무너지면 고구려 전체가 위기에 처할 수도 있었지요. 더구나 안시성 주위에는 많은 무기를 만들 수 있는 철광이 있었답니다.

그런데 영류왕을 죽이고 권력을 잡은 연개소문은 난데없이 안시성을 공격해요. 이게 도대체 어찌 된 일일까요?

안시성은 고구려가 설치했던 방어성 가운데 요동성 다음으로 중요한 곳이었어요.

대막리지님, 고구려 각지의 성주들은 폐하를 새로운 왕으로 인정하고 있지 않사옵니다.

건방진 것들……. 하는 수 없지. 같은 편이지만 공격해 굴복시키는 수밖에!

　사실 연개소문이 영류왕을 죽이고 권력을 잡았지만 고구려 전체의 권력을 잡은 것은 아니었어요. 영류왕은 수나라와의 전쟁 때 고구려를 지킨 영웅이었고, 영류왕의 정책에 반감을 가진 귀족도 그리 많지 않았기 때문이지요. 그래서 고구려 지방 귀족들과 고구려의 각 지방 성들은 연개소문의 쿠데타에 대해 큰 반감을 가지고 있었어요. 연개소문도 이 점을 잘 알고 있었기 때문에 중앙 권력을 잡고 난 뒤에는 지방의 권력도 굴복시키려 했지요.

　그런데 거의 대부분의 성을 자기편으로 끌어 온 연개소문도 안시성만큼은 굴복시킬 수가 없었습니다. 이후 당나라의 대군도 막아 낸 안시성이었으니 연개소문이라도 어쩔 수 없었겠지요. 결국 연개소문은 안시성 성주의 독자적인 세력을 인정했답니다.

　그런데 당시 안시성의 성주가 누구인지는 확실히 알 수 없어요. 안시성 성주가 양만춘이었다는 기록이 있지만 이 역시 확실한 것은 아니랍니다.

48 연개소문의 아들이 고구려를 팔아먹었다고요?

연개소문이 죽은 뒤, 그의 세 아들인 연남생, 연남건, 연남산은 아버지의 권력을 물려받았어요. 연개소문의 유언대로 별 탈 없이 나라를 이끌어 갔지요.

그런데 문제는 권력에 기생하는 무리들이었어요. 665년, 남생이 지방을 돌아보기 위해 궁궐을 비우자 그동안 남생에 반대하던 무리들은 남건, 남산에게 남생이 동생들을 죽이려 한다고 모함을 했어요. 처음에 남건과 남산은 믿지 않았지만 많은 사람들이 남생을 비난하자 마음이 흔들리기 시작했어요.

이렇게 형제들 간에 이간질을 시키는 무리들은 남생 주위에도 있었어요. 때문에 남생도 동생들을 의심하기 시작했어요. 남생은 동생들의 움직임을 알아보기 위해 몰래 궁으로 첩자를 보냈어요. 그런데 그만 남건, 남산 형제에게 붙잡힌 거예요. 형제는 이 사람을 자객으로 오해했답니다.

며칠 뒤, 보장왕은 남생에게 궁으로 돌아오라는 명령을 내렸어요. 하지만 남생은 이것을 동생들이 꾸민 계략으로 여기고 돌아가지 않았어요. 이렇게 되자 남건과 남산은 형이 반역을 꾀한다고 판단하고 궁에 있던 남생의 아들 헌충을 죽여 버렸지요. 결국 형제들 간에는 전쟁이 일어났고, 남생은 국내성을 장악하여 동생들과 대립했답니다.

하지만 시간이 지나자 점점 상황은 남생에게 불리해졌어요. 이렇게 되자 남생은 절대 하지 말아야 할 방법을 쓰고 말아요. 자기가 거느리고 있던 군대를 모두 데리고 당나라에 항복한 거예요. 그리고 얼마 뒤 남생은 당나라군의 앞잡이가 되어 고구려로 쳐들어오고, 결국 고구려는 당나라에 멸망되고 만답니다.

49 고구려가 망한 뒤에야 왕이 되었다고요?

고구려 마지막 왕 보장왕은 매우 불운한 왕이었어요. 연개소문에 의해 왕이 된 탓에 무기력하게 고구려의 최후를 지켜봐야만 했지요. 그런데 그런 그가 고구려가 멸망하자 당나라의 의해 요동주도독 겸 조선의 왕이 되었답니다.

당나라가 보장왕을 이용한 것은 고구려 사람들을 보다 쉽게 다스리기 위해서였어요. 연개소문이 그랬던 것처럼 당나라도 보장왕을 꼭두각시로 이용하려 했던 것이지요.

그러나 보장왕은 그렇게 나약하기만 한 사람이 아니었어요. 왕이 된 보장왕은 당나라의 뜻과는 다르게 힘을 모아 고구려를 되살릴 계획을 세웠지요. 하지만 당나라에 발각되어 보장왕은 머나먼 사천 땅으로 유배되어 682년에 쓸쓸히 최후를 맞는답니다.

이런 보장왕의 노력은 결코 헛된 것이 아니었어요. 그 덕분에 만주 일대의 고구려 유민들은 끊임없이 당나라에 저항했고, 결국 당나라는 만주 지역에 대한 지배를 포기할 수밖에 없었지요. 이후 대조영이 만주 땅에서 발해를 세울 수 있었던 것도 보장왕 덕분이라고 할 수 있답니다.

50 고구려가 망한 뒤 사람들은 어떻게 되었나요?

고구려는 망했지만 당나라는 여전히 고구려 사람들을 두려워했어요. 고구려 사람들은 용맹할 뿐만 아니라 나라를 사랑하는 마음도 강해서 언제 반란을 일으킬지 모르니까요. 그래서 당나라는 반란을 막기 위해 고구려 사람들을 뿔뿔이 흩어 놓았어요. 보장왕처럼 수도인 장안으로 끌고 가기도 했고, 요동 땅이나 당나라 변두리로 끌고 가 철저한 감시 속에 살게 하기도 했지요. 또한 고구려의 옛 땅에 안동 도호부를 설치해 남아 있는 고구려 유민들을 지배하려고도 했답니다.

이런 당나라의 술책에도 불구하고 고구려 유민들은 당에 굴복하지 않고 저항했어요. 또한 고구려와 백제를 멸망시킨 당나라가 신라마저 굴복시키려 하자 고구려 유민들은 신라 사람들과 손을 잡고 당에 맞섰지요. 그 덕분에 신라는 대동강 유역까지의 땅을 지킬 수 있게 되었답니다.

7세기 후반, 당나라의 감시가 약해지자 요동으로 끌려간 고구려 유민들은 상대적으로 전쟁의 피해가 적었던 만주 동쪽으로 빠져나가 말갈족과 함께 나라를 세워 고구려의 정신을 이어 나가요. 그때 세운 나라가 바로 발해랍니다.

당나라 변두리까지 끌려간 사람들도 고구려인의 긍지를 잃지 않았어요. 고선지 장군이 대표적인 인물이에요. 비록 그는 당나라의 장수가 되었지만 크고 작은 전투에서 모두 승리하며 고구려인의 기상을 드높였지요. 그의 이름은 서역까지 전해지며 돌궐, 토번(티베트) 등을 공포에 떨게 했지요.

이렇듯 고구려 유민들은 나라를 잃고 뿔뿔이 흩어졌지만 각자의 자리에서 고구려의 정신을 이어나갔답니다.

51 발해는 이름을 왜 고구려라 하지 않았나요?

발해를 세운 사람은 대조영이에요. 당나라는 고구려를 멸망시키고 유민들을 요동 땅으로 이주시켜 살게 했는데, 대조영도 그중에 한 사람이었지요.

7세기 후반, 대조영은 당나라의 감시가 소홀해진 틈을 타 고구려 유민들을 이끌고 만주 동쪽으로 도망쳐 과거에 고구려를 따르던 말갈족과 함께 나라를 세웠어요.

> 발해군공이란 벼슬을 얻었으니 나라 이름을 발해로 바꿔야겠다.

진=발해

대조영이 처음 나라를 세웠을 때 나라의 이름은 발해가 아닌 진이었어요. 그런데 진의 힘이 점점 강성해지자 당나라는 대조영에게 발해군공이라는 벼슬을 내려요. 이때 나라의 이름도 발해가 되었지요.

이렇게 보면 발해는 당나라의 속국처럼 보이지만, 대조영이 당나라의 벼슬을 받아들이고 나라의 이름을 고친 것은 순전히 당나라와의 충돌을 막기 위함이었어요. 아직은 당나라와 맞설 만큼 나라가 강하지 못했으니까요.

그러나 이후 나라가 강성해지자 발해는 스스로 외교

....저희 고려는 ..
........고려국왕께서
....
........어쩌구
........저쩌구...
.....발해로부터...

문서에 고려라는 나라 이름을 쓰거나 왕을 '고려국왕'이라고 표현했어요. 고구려의 옛 영광을 이어받은 발해는 우리 역사에서 매우 중요한 가치를 지니지만 안타깝게도 발해에 대해 남겨진 자료는 많지 않답니다.

52 당나라 한가운데에 고구려군이 나타났다고요?

고구려가 멸망한 뒤, 발해가 일어나 고구려의 빈자리를 채웠지만 그것이 전부는 아니었어요. 고구려가 멸망한 지 백여 년이 지난 후, 당나라 한가운데에는 당나라를 위협하는 또 다른 고구려가 있었답니다.

755년, 안녹산이 난을 일으켜 하북 지역을 장악하자 요동에 있는 평로절노부는 장안의 당나라 정부와 갈리게 되어요. 더 이상 당나라 정부가 평로절노부에 간섭을 할 수 없게 된 것이지요. 고구려 유민 출신인 이정기는 이 틈을 놓치지 않고 세력을 넓히다가 마침내 평로절노부를 장악했답니다.

하지만 이정기는 요동에 나라를 세우지는 않았어요. 이미 동쪽에 고구려를 계승한 발해가 있었기 때문이지요. 이정기는 고구려인으로 구성된 2만의 병력을 이끌고 산동성에 상륙했어요. 당시 산동성에는 고구려에서 끌려온 고구려 유민들이 많이 살고 있었거든요. 이정기는 고구려 유민들의 지지를 받으며 산동성, 안휘성, 강소성을 아우르는 치청 왕국을 세운답니다.

치청 왕국의 영토는 통일 신라의 영토보다 몇 배 더 넓었다고 하니 제2의 고구려라고 해도 손색이 없었어요. 하지만 이정기는 여기서 만족하지 않고 장안으로 쳐들어가 당나라를 정복할 꿈을 갖고 있었어요. 그러나 치청 왕국의 군대가 장안으로 진격하기 직전, 이정기가 갑작스럽게 죽는 바람에 그 꿈은 이루어지지 못했지요.

이후 치청 왕국은 계속해서 당나라를 위협했지만 점점 그 세력을 잃다가 818년, 신라와 당나라 연합군에게 멸망하고 말아요. 668년, 고구려가 나당 연합군에게 멸망한 불행했던 역사를 재현하고 만 것이지요. 역사에는 '만약'이라는 단어가 없지만, 만약 치청 왕국과 발해가 멸망하지 않았다면 지금 우리는 중국 대륙 전체를 지배하고 있을지도 몰라요.

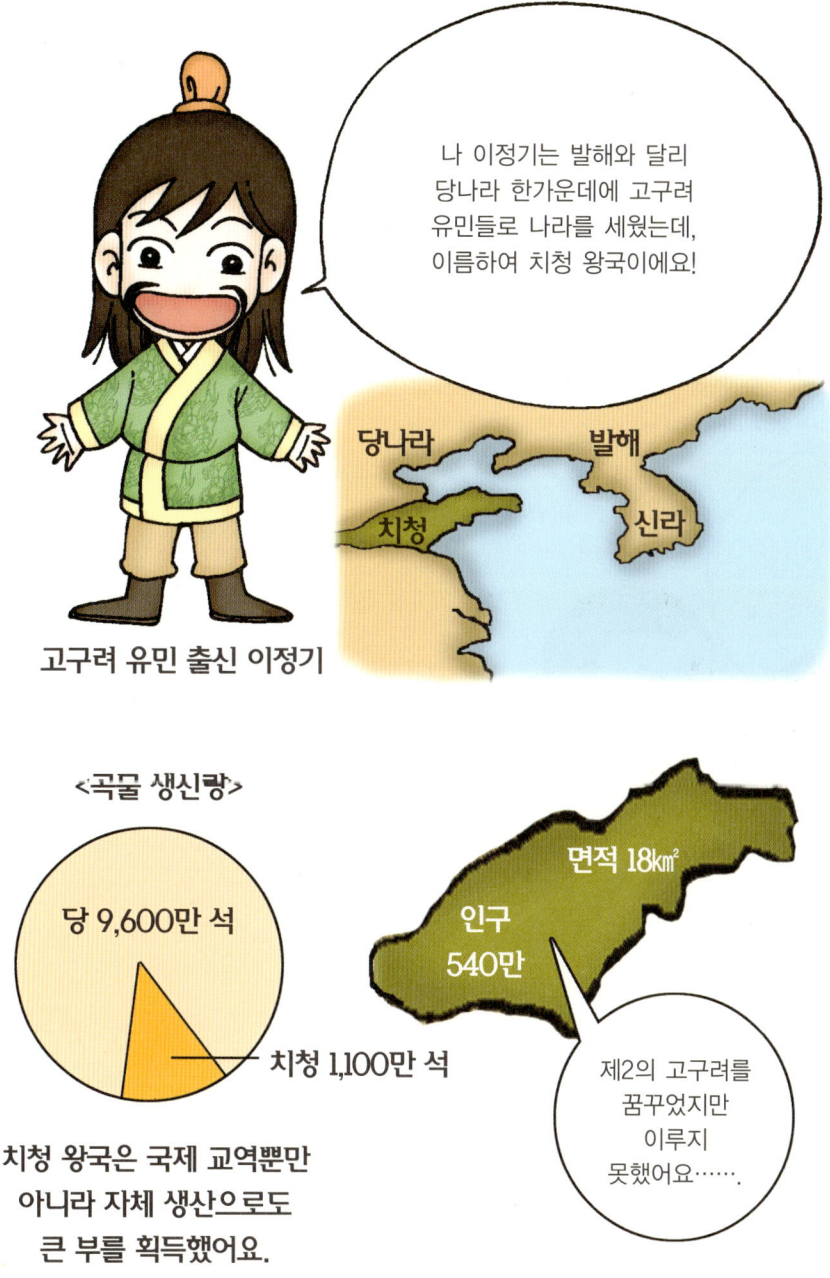

53 고려가 고구려라고요?

고구려는 망했지만 고구려는 결코 이 땅에 사는 사람들에게 잊혀지지 않았어요. 더구나 사람들은 언젠가 다시 고구려가 부활할 것이라 믿었지요.

신라 말 궁예가 후고구려를 세웠을 때, 많은 사람들이 궁예에게 열광했던 것도 바로 그 때문이에요. 하지만 궁예가 세운 후고구려는 그저 이름만 고구려였을 뿐, 실제 고구려의 후예임을 보여 주는 정책을 세우지 못했어요.

더 이상 고구려라는 이름만으로는 사람들을 이끌 수 없다고 판단한 궁예는 종교의 힘을 빌리기로 해요. 궁예가 자신을 미륵불이라 칭하고 나라의 이름을 마진으로 바꾸었다가 또다시 태봉으로 바꾼 것도 바로 그 때문이지요.

궁예를 몰아내고 나라를 세운 왕건도 고구려를 계승하고자 해서 나라의 이름을 고려라고 정했어요. 그런데 왕건의 고려는 후고구려와 달리 그저 고구려의 이름만 빌려다 쓴 것이 아니었어요. 송나라의 역사를 기록한 〈송사〉에서는 고려는 본래 고구려라 하고 고구려 역사의 끝 부분에 고려의 건국에 대해 이야기하지요. 또한 고려에 사신으로 왔다 간 손목은 〈계림유사〉에서 왕건이 고구려를 계승하기 위해 고려의 왕이 되었다 했고, 서긍도 〈고려도경〉에서 같은 이야기를 했답니다.

  고려가 고구려를 계승한 증거는 거란의 침입을 물리친 서희의 활약에서도 잘 나타나 있어요. 993년, 요나라가 고려에 쳐들어왔을 때 서희는 거란족 장수 손소녕에게 고려는 본래 고구려를 계승한 나라라고 주장하지요. 결국 손소녕은 서희의 주장을 옳다 여기고 군대를 물리는 한편 강동 6주까지 돌려주었답니다.

  이처럼 고구려를 계승한 고려는 고구려를 세운 동명왕과 그의 어머니 유화 부인을 모신 사당을 짓고 정기적으로 제사를 지냈어요. 뿐만 아니라 김치, 온돌, 고분 벽화 등 고구려의 독특한 전통도 이어받았답니다.

54 고구려가 중국의 역사라고요?

얼마 전까지 중국은 폐쇄적인 공산주의 국가였어요. 하지만 냉전 체제가 무너지고 개방화 바람이 불자 중국은 더 이상 공산주의만을 고집할 수 없게 되었지요. 그래서 중국은 본래의 공산주의를 유지하고 경제에 대해서는 자본주의 요소를 도입해 운영하는 1국 2체제를 선택했어요. 이런 체제 덕분에 중국은 급속한 경제 발전을 이루게 되었지만 이런 변화가 중국에 긍정적인 결과만을 가져다 준 것은 아니랍니다.

지금의 중국에는 한족뿐만 아니라 다양한 민족들이 살고 있어요. 그동안 공산주의 이념은 이런 다양한 민족들을 하나로 묶어 주었지요. 그런데 공산주의 이념이 점점 퇴색되어 가자 공산주의를 대신해 새로이 중국을 하나로 묶어 줄 무언가가 필요하게 되었어요. 그것이 바로 역사랍니다.

예전의 중국 사람들은 한족들의 역사만을 중국의 역사라고 생각했어요. 하지만 지금의 중국은 한족의 역사뿐만 아니라 중국 대륙에 있었던 모든 민족의 역사를 중국의 역사라고 주장하고 있어요. 그래야 지금의 중국이 하나로 뭉칠 수 있는 명분이 서게 되거든요. 그런데 이와 같이 보면 고구려의 역사도 중국의 역사가 되어 버려요.

　중국이 고구려를 자기네 역사라고 주장하는 이유는 이뿐만이 아니에요. 사실 중국은 우리나라가 통일이 되는 것을 두려워하고 있어요. 통일이 되면 중국은 문제가 복잡해지거든요. 일본이 중국에 멋대로 팔아먹은 우리의 간도 땅도 그렇고, 만주 땅에 사는 조선족들이 우리의 편에 서는 것도 속수무책으로 바라봐야만 하지요. 한마디로 중국은 우리가 통일이 되어 옛 고구려가 그랬던 것처럼 자신들을 위협할까 두려워하고 있는 것이랍니다.

55 중국은 왜 거짓말을 하나요?

지난 2004년 7월 1일, 북한의 고구려 고분군이 세계 문화유산으로 인정받았어요. 고구려 문화유산의 우수성을 세계에서도 인정한 쾌거였지요. 하지만 이것을 그저 기뻐할 수만은 없는 게 현실이에요. 북한의 고구려 고분군과 함께 중국의 고구려 유적도 함께 세계 문화유산으로 선정되었거든요.

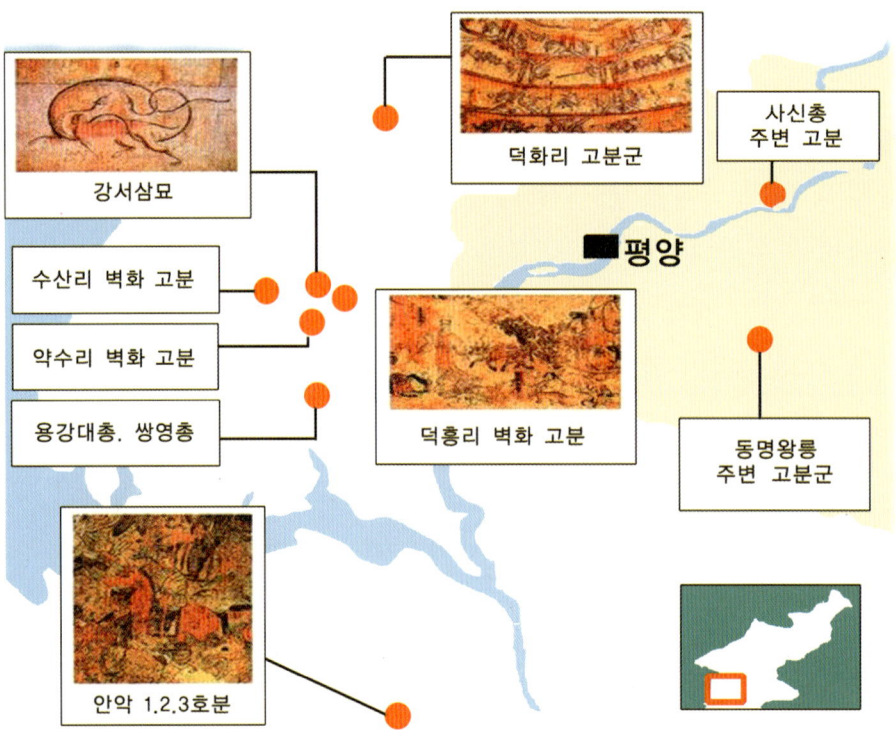

<세계 문화유산으로 선정된 고분군>

대부분의 고구려 유적이 중국에 있기 때문에 얼핏 보면 이는 이치에 맞는 것 같지만, 문제는 중국의 의도예요. 중국이 유네스코의 세계 문화유산 등재를 신청한 것은 동북공정을 완성하기 위한 치밀한 시나

리오에 따른 것이거든요.

중국은 동북공정을 진행하는 동안 계속 고구려가 중국의 지방 정권이라고 우겨 왔어요. 때문에 중국은 영토 내의 고구려 유적이 세계 문화유산으로 지정되면 자신들의 이런 주장도 세계적으로 인정받는다고 생각한 것이지요.

현재 중국은 고구려 유적이 세계 문화유산으로 등재되자 이를 대대적으로 선전하면서 관광객을 끌어 모으고 있어요. 그러면서 관광객들에게 고구려가 중국의 역사라고 안내하고 있지요.

이것은 단지 고구려 역사를 왜곡한 것만이 아니라 고구려 사람들이 문화를 지킨 노력까지 잘못 알리는 셈이랍니다.

56 일본이 백제와 신라를 다스렸다고요?

만주 집안현에 있는 광개토 대왕비는 장수왕 때 만들어진 것으로, 그 높이가 6.4m나 되어요. 비문에는 고구려의 건국 이야기와 광개토 대왕의 업적 그리고 무덤을 지키는 수묘인에 관한 기록이 적혀 있어요. 〈용비어천가〉 등 조선의 많은 문헌에서 광개토 대왕비의 기록을 찾아볼 수 있지만, 그 당시 사람들은 광개토 대왕비를 금나라 황제의 비석으로 생각했답니다.

광개토 대왕비가 역사에 다시 그 모습을 드러낸 것은 19세기 후반 어느 일본인에 의해서였어요. 이 일본인은 광개토 대왕비를 읽고 탁본을 떠 갔는데, 그 뒤 일본은 비문에 일본이 백제와 신라를 지배했다는 이야기가 적혀 있다며 임나일본부설을 주장하기 시작했어요.

사실 광개토 대왕비에 대한 해석은 그 의견이 분분해요. 실제로 광개토 대왕비는 많은 부

분이 손상되었거든요.

어쩌면 고구려가 일부러 그런 글을 남겼을지도 모른다는 우리나라 학자들도 있어요. 당시 고구려는 고구려 중심의 세계관을 가지고 있는 나라였기 때문에 백제와 신라를 깎아내려야 했지요. 그래서 백제와 신라를 일본의 식민지 정도로 그렸는지도 몰라요. 그런데 왜 일본이냐고요? 당시 고구려는 일본을 나라 취급도 안 했으니 조금 띄워 준다고 해도 손해 볼 것이 없었거든요.

이처럼 광개토 대왕비에 대한 의견은 분분하지만 분명한 건 당시 고구려는 만주 대륙뿐만 아니라 한반도에서도 으뜸가는 위대한 대제국이었다는 것이랍니다.

IV. 안과 밖의 힘 (군사와 외교)

고구려는 작은 한반도보다 드넓은 중원 대륙을 차지할 커다란 욕심을 가지고 있었어요. 중원의 땅은 한반도보다 훨씬 넓고 곡식이 자랄 수 있는 넓은 평야가 많았으니까요. 때문에 굳이 한반도의 작은 나라들을 정복할 필요가 없었어요. 게다가 백제와 신라를 공격하기 위해 힘을 쏟다가는 자칫 북방의 나라들에게 공격을 받을 위험이 있었거든요. 이런 이유로 고구려는 백제와 신라를 정복하는 데 신경을 덜 쓴 것이랍니다.

'고구려는 왜 삼국 통일을 하지 않았나요?' 중에서

57 고구려 군대는 어떻게 이루어졌나요?

고구려의 군대는 고구려 사람들의 생활과 밀접하게 연결되어 있었어요. 고구려는 유목과 함께 농사도 함께 짓고 있었기 때문에 기병과 보병을 모두 중요하게 생각했지요. 기병과 보병의 비율은 어림잡아 3:1 정도 되었다고 해요.

그렇지만 고구려의 핵심 전력은 중무장 기병이었어요. 고구려 사람들은 이들을 '개마기병'이라고 불렀답니다. 개마기병은 흔히 철기병이라고 불렸는데, 말과 사람 모두 갑옷을 입고 삭이라는 긴 창이나 날이 넓적한 큰 칼인 맥도를 무기로 썼어요. 이 개마기병이 바로 다른 나라를 두려움에 떨게 한 고구려 정예군이었답니다.

기병에는 개마기병 이외에도 활이나 가벼운 무기를 가지고 다니며 개마기병을 도왔던 경기병, 경궁기병 등이 있었어요.

보병에는 창병과 도끼병 그리고 대두환도와 같은 칼을 들고 중무장을 했던 중보병으로 구성되었어요. 이들은 활을 쏘는 궁병과 함께 고구려군의 주력군으로 활약했지요.

58 고구려에도 수군이 있었나요?

개마기병을 앞세워 대륙을 누비던 고구려의 육군은 정말 막강했어요. 그래서 언뜻 수군은 필요 없어 보이지만 고구려에도 수군이 있었지요. 그것도 아주 중요한 역할을 했답니다.

고구려 수군은 주로 적군의 해군 기지를 파괴하거나 적들이 바닷길을 통해 군량을 나르는 것을 막는 역할을 했어요. 태조왕 때 기록을 보면 고구려 수군은 중국 산동 반도에 있는 동해성을 공격했고, 광개토 대왕 때에는 한강을 건너 백제의 수도 위례성을 함락하는 데도 큰 역할을 했지요.

뿐만 아니라 수나라와의 전쟁 때에는 바다를 장악해 적군의 보급로를 끊어 버렸어요. 때문에 보급품과 식량이 바닥난 수나라 군대는 고

구려군에게 크게 패하고 말았지요.

이런 고구려의 수군은 백제나 신라가 중국과 직접 교류하는 것을 막기도 했어요. 고구려를 빼놓고 백제와 신라가 중국과 손잡을 경우 고구려에게는 큰 위협이 되었기 때문이죠.

하지만 이런 고구려 수군은 여러 번의 싸움으로 점점 약해졌어요. 고구려는 다시 수군을 강하게 만들려 했지만 사정이 넉넉하지 못해 실패하고 말지요. 배를 만들고 잘 훈련된 수군을 키우려면 많은 돈이 들었으니까요. 결국 고구려의 수군이 약해진 틈을 타 신라는 당나라와 손을 잡고 백제와 고구려를 멸망시켰답니다.

59 적군은 왜 고구려 성 앞에서 허둥거렸나요?

험악한 산악 지대가 많은 고구려의 성들은 대부분 산성이었어요. 주로 산의 능선이나 굴곡을 활용해 지어졌지요. 흙으로 쌓아 올렸기 때문에 토성이라고도 불렀답니다.

하지만 비라도 내리면 쉽게 무너져 버리는 성을 상상하면 큰 오산이에요. 토성은 먼저 돌을 쌓아 뼈대를 만든 다음 흙을 단단히 다져 그 위에 쌓아 올린 것이라 매우 견고했거든요. 이렇게 쌓아 올린 토성은 멀리서 봤을 때는 산처럼 보여 적군에게 쉽게 발견되지 않았어요. 게다가 그 높이도 11미터나 되었기 때문에 알더라도 쉽게 넘을 수 없었지요.

성문 또한 적군이 공격하기에 상당히 어려웠어요. 성문은 주로 절벽과 절벽 사이 같은 험준한 위치에 지어진데다, 성문 앞에는 잘라진

옹기를 닮은 옹성이 성문을 둘러싸고 있었거든요. 이 때문에 기세 좋게 옹성의 성문을 뚫고 들어간다면 오히려 옹성 안에 갇혀 고구려군의 화살 세례를 받아야 했어요. 그야말로 옹성 안으로 들어온 적군은 독 안에 든 쥐의 꼴이지요.

고구려는 산성도 막강했지만 평지에 지어진 성 또한 막강했어요. 평지에 지어진 고구려의 성들은 대부분 적군에게서 빼앗은 것인데, 고구려 사람들은 본래의 성곽에다 고구려 방식으로 한 겹 더 성곽을 쌓았거든요. 이처럼 고구려의 성은 공격하기가 매우 까다로웠기 때문에 적군은 오랫동안 성을 포위해서 성안의 식량과 물을 바닥내는 작전을 세우곤 했지요. 하지만 이 역시 쓸모 없는 일이었어요. 옛 고구려의 성은 비옥한 토지와 물이 풍부한 곳에 지어졌거든요. 고구려 사람들의 지혜가 대단하지 않나요?

60 고구려는 백수들이 나라를 지켰다고요?

〈삼국지 동이전〉 고구려조에 보면, '고구려에는 1만이나 되는 좌식자가 있고, 이들은 하호들이 가져다 주는 식량과 의복 등으로 살아간다.'고 기록되어 있어요. 좌식자(坐食者)란, 한자 풀이 그대로 앉아서 먹기만 하는 사람을 말해요. 그리고 하호(下戶)는 아랫가구란 뜻으로, 고구려 때 평민을 말하지요. 그런데 고구려 사람들은 아무것도 하지 않는 좌식자들에게 왜 먹을 것과 입을 것을 가져다 준 것일까요?

좌식자는 고구려 때 무사 계층을 의미해요. 이들은 고급 귀족은 아니었지만 토지를 소유하고 관직을 가지고 있었지요. 때문에 평상시에는 무예를 연마하고 하호가 가져다 주는 음식을 먹으며 시간을 보냈답니다.

하지만 무사들은 일단 전쟁이 나면 누구보다도 용감하게 앞장서 싸웠어요. 아마도 〈삼국지 동이전〉을 쓴 사람은 이들의 평상시 모습을 보고 그저 먹고 노는 사람쯤으로 보았을지 몰라요. 하지만 전쟁터에서 이들을 봤다면 무시무시한 무사 집단으로 기록했을 거예요.

61 고구려는 왜 삼국 통일을 하지 않았나요?

누구나 한 번쯤은 고구려가 삼국을 통일했으면 어땠을까 하는 생각을 해 보았을 거예요. 고구려는 한반도를 훨씬 넘는 땅을 차지하고 중국과 당당히 맞섰던 강한 나라였으니까요. 그런데 이토록 강했던 고구려는 왜 삼국을 통일하지 않은 걸까요?

그 이유는 단순히 한두 가지가 아니랍니다. 먼저 대륙을 누비던 기마 부대 위주의 고구려 군대는 산이 많은 한반도에서는 제 힘을 발휘할 수 없었어요.

두 번째 이유는 백제와 신라도 만만치 않은 힘을 가지고 있었기 때문이에요. 게다가 백제는 왜와 손을 잡고 나중에는 신라와도 손을 잡으며 고구려의 침입에 대비했거든요.

하지만 고구려가 정말로 삼국을 통일하지 않은 진짜 이유는 다른 데 있었어요. 그것은 고구려가 가지고 있는 세계관에 있었어요.

고구려는 작은 한반도보다 드넓은 중원 대륙을 차지할 커다란 욕심을 가지고 있었지요. 중원의 땅은 한반도보다 훨씬 넓고 곡식이 자랄 수 있는 넓은 평야가 많았으니까요. 때문에 굳이 한반도의 작은 나라들을 정복할 필요가 없었어요. 게다가 백제와 신라를 공격하기 위해 힘을 쏟다가는 자칫 북방의 나라들에게 공격을 받을 위험이 있었거든요. 이런 이유로 고구려는 백제와 신라를 정복하는 데 신경을 덜 쓴 것이랍니다.

62 장수왕이 죽자 중국 왕이 슬퍼했다고요?

497년, 고구려의 장수왕이 죽자 북위의 효문제는 상복을 입고 마치 부모가 죽은 것처럼 슬퍼했다고 해요. 효문제의 왕후인 문소왕후가 고구려인이기 때문이었지요.

문소왕후는 본래 고구려에서 태어났는데 오빠인 고조 등과 함께 북위로 이민을 온 거예요. 그런데 당시에는 세력이 강한 귀족 가문의 여자가 아니면 황제의 부인이 될 수 없었어요. 그럼에도 불구하고 문소왕후가 왕비가 된 것은 그녀가 고구려 사람이기 때문이었지요. 당시에 고구려의 힘이 매우 강성했기 때문에 북위의 효문제는 고구려와 친해지기 위해 고구려 여인을 부인으로 맞이한 것이랍니다.

이후 효문제가 죽자 문소왕후의 아들이 북위의 제7대 황제인 선무

제가 되었어요. 이렇게 되자 황제의 삼촌인 고조는 북위의 최고 권력자가 되었지요. 권력을 잡은 고조는 다른 고구려 사람들과 함께 당을 만든 뒤 자신에게 반대하는 북위의 귀족들을 제거해 나갔어요. 북위의 귀족들도 힘을 합쳐 고조에게 대항했지만 역부족이었지요.

그런데 선무제가 죽자 상황은 역전되고 말아요. 고조는 그만 자신에게 반대하던 무리들에게 암살당하고 말지요. 하지만 권력을 잡은 고양왕은 고조를 따르던 무리들의 죄는 묻지 않았어요. 심지어 고조의 아들은 이후 청주지사라는 높은 벼슬을 지내기도 했지요. 이처럼 북위의 귀족들이 고구려 사람들에게 보복을 하지 못한 것은 자칫 잘못하면 고구려의 미움을 살 수 있다고 생각했기 때문이랍니다.

63 청나라가 고구려의 부하였다고요?

청나라를 세운 여진족은 지금의 중국이 있기 전에 중국 대륙을 지배한 민족이에요. 17세기 조선은 이런 여진족이 세운 나라에 연달아 패하며, 인조가 청나라 황제에게 신하가 될 것을 맹세하는 삼전도의 굴욕을 당해야만 했지요. 하지만 이런 여진족도 본래는 고구려에 충성해야 하는 신세였답니다.

여진족은 시대에 따라 숙신, 읍루, 말갈, 여진 등으로 불렸어요. 광개토 대왕이 대륙을 누비던 시대에는 말갈이라 불렸지요.

5세기 초에 광개토 대왕이 말갈족을 굴복시키자 이후 250여 년간 흑수말갈을 포함한 말갈족은 고구려의 지배를 당하거나 영향을 받게 되어요. 고구려는 이 말갈족을 전쟁에 동원하기도 했어요. 기록에 따르면, 말갈족이 고구려를 위해 전쟁에 동원된 것은 여섯 번이나 되지요. 장수왕

은 2만 명의 말갈 병사들을 이끌고 신라의 주 하나를 빼앗았어요. 문자왕은 말갈 병사를 보내 백제를 공격했고, 영양왕은 직접 만 명의 말갈 병사를 이끌고 요서를 공격하기도 했지요. 또한 보장왕은 당나라에 포위된 안시성을 구하기 위해 말갈 병사 15만 명을 보냈고, 665년에 고구려는 말갈, 백제와 함께 신라를 공격하기도 했답니다. 마지막으로 보장왕이 661년에 어느 장군에게 말갈 병사를 이끌고 신라의 성을 공격하도록 했다는 기록도 있답니다.

이처럼 말갈족이라 불렸던 여진족은 고구려의 최후까지, 또한 고구려가 멸망하고 대조영이 발해를 세울 때에도 함께했어요. 그런데 말갈족 중에 흑수 부족은 발해에 가담하지 않고 따로 독자적인 세력을 구축했으며, 이후 이들은 금나라를 세우고 훗날에는 청나라까지 세운답니다.

64 강력한 고구려가 왜 중국에 조공을 바쳤나요?

고구려는 대대로 중국 왕조에게 조공을 바치고 책봉을 받았어요. 조공은 약소국이 강대국에게 재물을 바치는 것을 말해요. 책봉을 받는다는 것은 왕이 벼슬을 받는 것으로 스스로 신하의 나라임을 인정하는 것이지요. 동북아시아를 호령하던 고구려가 왜 중국 왕조에게 이런 굴욕적인 일을 당했던 걸까요?

넓은 대륙을 차지한 중국의 왕조는 주변에 많은 국가들과 국경을 맞대고 있었어요. 때문에 중국 왕조는 주변국들을 잘 구슬려야 했지요. 주변국들이 자주 침입해 오면 곤란하니까요. 이런 이유로 중국 왕조는 명분을 얻고 이익을 내주는 방법을 썼는데, 그것이 바로 조공과 책봉이었답니다.

고려는 송나라에 조공을 바쳤어요. 그런데 고려는 1년에 3회 조공을 바치겠다고 한 반면, 송나라는 고려가 3년에 한 번만 조공을 바치기를 바랐지요. 만약 이 때의 조공이 세금처럼 일방적으로 재물을 바치는 것이었다면 고려가 조공을 자주 바치겠다고 하지  않았을 거예요. 이는 고구려도 마찬가지였지요. 고구려가 중국 왕조에 조공을 바친 것은 그만한 이익이 있었기 때문이에요. 다시 말하면 조공과 책봉은 고구려 입장에서는 일종의 무역이었던 셈이지요.

V. 자신만의 세계를 만들다 (사회와 문화)

고구려 사람들은 무덤에 죽은 사람이 살아 있을 때 살던 모습이나 영광스러운 장면들을 그려 넣었어요. 그리고 다른 세상에 가서도 마찬가지로 행복하게 살기를 기원했어요.

무덤에 벽화를 그린 것은 고구려가 처음이 아니에요. 고구려보다 먼저 한나라 산동성 지역 사람들이 석관에 그림을 그려 넣기 시작했지요. 하지만 이후 고구려의 벽화는 크게 발전하지만 중국의 무덤 벽화는 별다른 발전을 이루지 못했어요. 벽화를 그리는 기술이나 색채의 화려함은 고구려의 벽화가 단연 독보적이랍니다.

'무덤 안에 그림은 왜 그렸나요?' 중에서

65 고구려에는 정말 감옥이 없었나요?

고구려 초기에는 체계적인 법률이 존재하지 않았어요. 법이 필요하면 예전부터 내려오는 관습법으로 모든 것을 처리했지요. 고구려에 체계적인 법이 등장한 것은 4세기에 소수림왕이 율령을 반포하고 난 후부터랍니다.

그런데 〈삼국지 위지동이전〉에 보면, 부여에는 감옥이 있지만 고구려에는 감옥이 없다고 전해져요. 고구려에서 누군가가 범죄를 저지르면 5부족의 부족장들이 모여 재판을 했어요. 그런데 재판이 매우 엄격해서 범죄자들은 대부분 죽이고 그 가족들은 노비로 만드는 경우가 많았지요. 이토록 법이 엄격했으니 감옥이 필요 없었답니다.

그러나 반드시 법이 엄격해서 그런 것만은 아니었어요. 중국 당나라의 역사를 적은 〈구당서〉에 의하면, 고구려에서는 길에 물건이 떨어져 있어도 아무도 줍지 않았다고 해요. 주민들이 서로를 너무나 잘 알고 있었기 때문에 그 물건이 누구의 것인지 잘 아니까 함부로 주울 수 없었던 것이지요.

이처럼 고구려 사회는 서로를 믿고 단합하는 공동체적 사회였다고 볼 수 있어요. 그 때문에 엄청난 적군이 쳐들어와 전쟁이 일어나도 꽁꽁 뭉쳐서 막아 낼 수 있었답니다.

66 나라에서 쌀을 빌려 주었다고요?

고구려 왕들에게는 대대로 내려오는 고민거리가 하나 있었어요. 처음 고구려가 세워졌을 때, 고구려의 땅은 농사짓기 척박해서 봄이 되면 양식이 떨어져 백성들이 굶는 경우가 많았거든요. 보통 봄이 되면 가을에 농사지은 양식이 모두 바닥나고는 했으니까요. 더구나 흉년이라도 들면 백성들의 봄은 더욱 힘들어졌지요. 때문에 많은 사람들이 구걸을 하러 다니거나 심하면 도둑질을 하는 사람들도 늘어나곤 했답니다.

고구려의 제9대 왕 고국천왕도 이런 백성들의 사정을 잘 알고 있었지만 마땅한 방법이 없었어요. 그런데 이때 재상 을파소가 기막힌 묘책을 내놓았지요. 을파소는 왕에게 나라의 곳간에 쌓여 있는 곡식을 활용하라고 권유했어요. 나라의 곳간에는 전쟁을 대비해 군량과 세금 등으로 받은 곡식이 가득 쌓여 있었거든요. 이 곡식을 봄에 빌려 주었다가 추수철인 가을에 돌려받는다면 백성들을 도와 줄 수 있을 거라고 했지요.

고국천왕은 이런 을파소의 묘책을 듣고 곧바로 법으로 만들어 시행했어요. 이 법이 바로 그 유명한 진대법이랍니다. 이후 진대법은 고려의 의창 제도, 조선의 환곡 제도 등으로 이어지지요.

67 고구려에도 대학이 있었다고요?

태학은 우리나라 최초의 국립대학이에요. 소수림왕이 태학을 세우기 전까지 고구려에는 학교라고 부를 만한 것이 없었지요.

소수림왕이 태학을 세운 것은 왕이 된 지 2년이 되는 서기 372년이었어요. 왕위에 오른 소수림왕은 나라가 강해지려면 무엇보다도 학식이 뛰어난 인재가 많이 필요하다고 생각해서 중국 전진의 제도를 본떠 태학을 만들었지요.

태학에서 가르친 것은 경학, 문학, 무예 등이었어요. 경학에는 〈논어〉, 〈맹자〉, 〈중용〉, 〈대학〉과 〈시경〉, 〈서경〉, 〈춘추〉, 〈예기〉, 〈주역〉이 있었는데, 이를 통해 학생들은 나라를 바로 다스리고 국왕에게 충성하는 도리를 배웠지요. 문학은 감성을 키워 백성을 사랑하는 방법을 키우기 위해 배웠고, 무예는 훌륭한 전사가 되어 전쟁에서 승리하기 위해 배웠답니다.

이런 태학에는 고급 관료나 귀족들의 자제들만 들어갈 수 있었어요. 본래 태학은 나라를 이끌어 갈 고급 인재를 키우기 위한 것이었으니까요. 태학은 통일 신라 때 국학, 고려 때는 국자감 그리고 조선 시대에는 성균관으로 이어졌어요. 물론

그 전통이 그대로 이어진 것은 아니었지만 모두 고급 관리를 양성할 목적으로 세워졌다는 공통점을 가지고 있지요. 결국 고구려의 태학이든 조선 시대의 성균관이든 평민들은 들어갈 수 없었던 거에요.

5세기경에는 지방에서도 공부를 할 수 있는 사립학교가 생겨났는데, 이를 '경당'이라고 불렀어요. 경당에서도 경학과 무예를 가르쳤고, 이곳에는 평민의 자제들도 들어갈 수 있었답니다.

68 고구려 때는 사자도 벼슬을 했나요?

고구려에는 사자, 대사자, 발위사자 등 '사자'란 말이 붙은 관직들이 많았어요. 사자는 세금을 받는 관리, 즉 요즘의 세무서 관리라고 보면 되어요. 사자와 함께 가장 많이 쓰인 말은 '형'이었는데, 형이란 연장자란 뜻으로, 족장의 자리를 계승한다는 의미를 가지고 있지요.

'사자'나 '형'이 붙은 관직은 고구려가 대국으로 성장해 나갈 때 눈에 띄게 늘어났어요. 초기에는 부족들이 나라 살림을 챙기던 때라 복잡한 관직이 필요하지 않았거든요. 하지만 나라가 커지고 왕권을 강화해야 할 필요성이 생기면서 부족들의 권한을 줄일 필요가 있었어요. 그렇다고 부족장들의 권력을 다 빼앗을 수는 없었지요. 그래서 왕들은 관직을 만들어 부족장들에게 일을 나누어 주었어요. 이렇게 하면 부족들의 힘을 왕의 뜻대로 조정할 수 있었거든요.

고구려 개혁의 첫 번째 주자는 고국천왕이었어요. 고국천왕은 고구려의 행정 체계를 부족 중심에서 부나 성과 같은 행정 단위로 바꿔 버렸지요. 요즘 식으로 생각하면 도나 시를 국가의 체계에 맞게 정리한 것이에요. 그 결과 5부 3경 체제의 나라로 변모했어요.

이후 고구려는 좀 더 탄탄한 나라를 만들기 위해 행정 제도를 손보고, 중앙으로 몰려든 부족장들을 중앙 귀족으로 잘 받아들여 나라의 힘을 한곳으로 끌어모았어요. 그러면서 귀족들이 나라를 위해서 일할 수 있도록 관등을 늘려 나가 고구려 말에는 수상인 '대대로' 이하 14관등을 갖게 되었지요. 재미있는 점은 부족장들의 힘을 왕이 제어하기 위해 만든 수상 대대로가 시대에 따라 계속 이름이 바뀐다는 점이에요. 대대로는 대막리지, 태대막리지 등으로 이름이 계속 바뀌거든요. 이는 왕권이 고구려 말로 갈수록 귀족들의 힘에 밀리게 된다는 것을 보여 주는 증거이기도 해요. 그 결과 고구려는 패망을 피할 수 없게 되었답니다.

<중국 당나라 <한원>에 나타난 고구려의 14관등>

69 고구려에도 화랑이 있었나요?

　신라에 화랑이 있고 백제에 싸울아비가 있었다면, 고구려에는 조의선인이 있었어요. 조의선인이란 검은 빛깔의 비단옷을 입은 신선이라는 뜻으로, '선배' 혹은 '선비'라고도 불렸어요. 이들은 검은 옷을 입은데다 머리도 빡빡 깎아서 적군은 스님으로 오해하기도 했다고 해요.

우리는 스님이 아니라 고구려의 조의선인이라고!

　선배는 본래 동맹제 때 많은 사람들 앞에서 무예를 겨루던 것에서 비롯되었어요. 그 이후 사냥과 춤, 무예 등의 경기에서 승리한 사람을 선배라고 불렀지요. 이들은 평소에는 무예와 학문을 갈고닦았으며 국가가 이들에게 급료를 지급하기도 했답니다.

　전쟁이 나면 선배는 우두머리인 신크마리를 중심으로 모여 누구보다도 용감히 싸웠어요. 이런 선배의 활약은 대단했어요. 특히 안시성 전투에서 적의 흙산을 점령한 것도 선배였지요. 또한 가문의 높고 낮음을 따지지 않고 학문과 무예의 실력에 따라 그 지위가 결정되었기 때문에 뛰어난 인물이 아주 많이 나왔어요. 유명한 연개소문, 을지문덕, 을파소, 명림답부 등도 선배 출신이에요. 그리고 우리가 잘 알고 있는 온달도 사냥 대회에 나가 뛰어난 활약을 보이고 난 뒤 선배가 되었답니다.

이런 선배의 흔적은 고구려가 멸망한 뒤에도 이어져 내려왔어요. 맨손으로 무예를 겨루는 선배의 전통 무예 수박은 고려에도 이어졌고, 일본으로 건너가 유도가 되었다고도 해요. 또한 고구려의 선배 제도는 조선의 선비 정신으로 이어졌어요. 임진왜란 때 의병을 모아 왜병을 물리친 곽재우, 김덕령 등 의병장들도 선배의 후예라고 볼 수 있답니다.

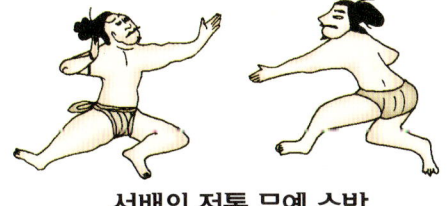

선배의 전통 무예 수박

곽재우

김덕령 장군

70 고구려 사람들은 성씨가 없었나요?

고구려에는 크게 왕족, 귀족, 평민 그리고 노비 등 4개의 계급이 있었어요. 고구려 인구의 대부분을 차지한 것은 평민이었어요.

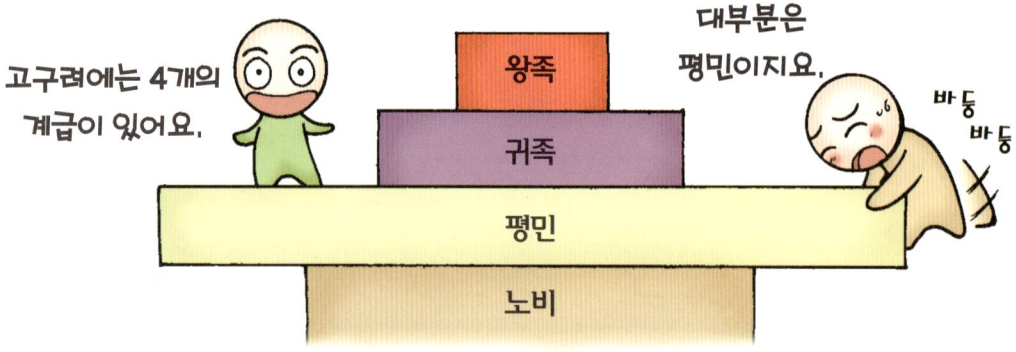

평민들은 평상시에는 자유롭게 농사를 지으며 그 일부를 세금으로 내고 전쟁이 나면 군인이 되어 나라를 지켰지요. 이런 평민들은 고구려라는 나라가 유지되는 데 있어서 아주 큰 몫을 차지했어요. 그래서 나라에서도 평민들을 크게 차별하지 않았지만, 이런 평민들도 할 수

없는 것이 있었어요. 그것은 바로 성씨를 갖는 것이었지요.

고구려에서 성을 가질 수 있는 계층은 왕족과 귀족뿐이었어요. 당시에는 왕족을 하늘이 내린 사람이라고 생각해서, '높을 고(高)' 자를 성으로 사용했지요. 우리가 잘 아는 주몽도 고주몽이랍니다.

왕족들뿐만 아니라 귀족들도 자신들의 성에 대한 자부심이 대단했어요. 귀족들도 왕족들이 주몽 설화를 만든 것처럼 자신들의 성씨 탄생에 관한 이야기를 만들어 대대로 전했지요.

귀족들이 원래부터 전해 오던 성만을 사용한 것은 아니었어요. 당시에는 큰 공을 세우면 나라에서 성을 상으로 주었는데, 귀족들은 이렇게 새로운 성을 받으면 성을 바꾸기도 했지요. 드문 경우지만 왕족들이 사용하는 고씨를 상으로 주기도 했답니다.

이처럼 당시에는 성을 가지는 것이 선택된 몇몇 계층의 특권이었기 때문에 평민들은 함부로 성을 가질 수 없었어요. 하지만 당시 사람들은 이런 차별에 대해 큰 불만을 갖지 않았어요. 성을 쓰는 것이 보편화되지 않았을 뿐만 아니라 먹고사는 데 있어서도 별다른 영향을 주지 않았기 때문이지요.

71 도둑질을 하면 노비가 된다고요?

다른 나라와 마찬가지로 고구려의 노비들도 한평생 주인을 위해 봉사해야만 했어요. 이런 노비들은 나라에 속한 노비와 귀족에게 속한 노비로 나눌 수 있어요. 나라에 속한 노비들은 관청의 허드렛일을 돕거나 성이나 무기를 만드는 일을 했지요. 귀족들에 속한 노비도 크게 다르지 않아 귀족들의 살림살이를 돕고 귀족들을 위해 일을 해야 했답니다.

고조선의 8조 금법에는 '남의 물건을 훔친 자는 노비로 삼는다.'라는 구절이 있어요. 이를 보면 고구려 이전 시대부터 노비였던 사람이 있었을 거예요.

원래는 노비가 아니었는데 노비가 된 경우도 있었어요. 고조선과 마찬가지로 고구려 사회에서도 죄를 지으면 노비로 전락하는 경우가 있었지요.

또한 전쟁에서 포로가 되어 노비가 되는 경우도 있었어요. 고구려 초기, 고구려에 정복된 동옥저의 경우에 그곳 사람들의 대부분이 노비가 되었지요. 고구려를 침공했다 붙잡힌 수나라 군사들도 모두 노비가 되었고요.

그 밖에도 본래 귀족이었는데 반역을 꾀하다가 노비가 되는 경우도 있었어요. 이처럼 귀족이나 평민들도 경우에 따라서는 언제든지 노비로 전락할 수 있었어요. 하지만 한 번 노비가 되면 대부분의 경우 대를 이어 노비의 신세가 되어야 했지요.

이런 노비들은 왕족이나 귀족 등 지배 계층에게 없어서는 안 될 존재였어요. 그럼에도 이들은 소나 돼지만도 못한 취급을 받아야 했답니다.

72 고구려 때도 온돌이 있었나요?

고구려 때도 방을 따뜻하게 하는 온돌이 있었어요. 이런 온돌은 백제와 신라에는 없었는데 조선 시대 초기에 이르러 비로소 남부 지방까지 전해지기 시작했지요. 그때는 '쪽구들'이라고 부르는 구들이 널리 쓰였는데, 이 쪽구들은 불을 떼는 아궁이가 방 안에 있었고 방 안 한쪽에만 벽을 타고 ㄱ 자 모양으로 온돌이 깔려 있었어요. 때문에 고구려 사람들은 추위를 피하기 위해 한쪽 벽에 붙어서 자야 했을 거예요. 그런데 왜 고구려 사람들은 방 안 전체에 온돌을 깔지 않았을까요?

고구려 사람들은 말을 타야 했기 때문에 무릎까지 오는 긴 신발을 신었어요. 이런 긴 신발은 신고 벗기가 힘들었기 때문에 방에서도 신발을 신고 다녔지요. 이 때문에 방 한쪽에만 온돌을 설치하고 나머지 바닥은 온돌이 없는 맨바닥으로 만들어 놓은 거예요. 이런 모습은 서양 사람들이 잘 때만 신발을 벗고 침대에 눕는 모습과 크게 다르지 않지요.

 물론 고구려의 온돌이 모두 ㄱ 자는 아니었어요. 방의 반을 온돌로 만든 방도 있었으니까요. 고구려 아차산 제4 보루성 유적에서는 12개의 온돌방 유물이 발견되었는데, 여기서는 이 두 가지 방식이 모두 나타난답니다.

<쌍영총 벽화 무덤 주인 부부도>

<각저총의 실내 생활도>

73 고구려 사람들도 김치를 먹었나요?

우리 민족은 옛날부터 발효 음식을 즐겨 먹었다고 해요. 고구려 사람들도 마찬가지였지요. 기록을 살펴보면, 고구려 사람들은 채소를 소금에 절여 마늘, 생강으로 양념해 먹었다는 이야기를 찾을 수 있어요. 여기서 중요한 내용은 바로 양념을 해서 먹었다는 내용이에요.

고구려는 옥저 지방에서 질 좋은 소금을 만들어 내고 있었어요. 고구려 사람들은 이 소금을 가지고 해산물이나 채소들을 절여 먹는 방법을 생각해 낸 거예요. 고구려의 겨울은 매우 혹독하고 길었기 때문에 채소를 길러서 먹을 수 없었고, 바다가 먼 곳은 해산물을 먹는 것도 힘들었지요. 그래서 음식물을 오랫동안 저장해 놓고 먹어야 할 필요가 있었던 것이랍니다.

이렇게 소금에 절인 음식은 오래 보관해 놓고 먹을 수는 있었지만 그 맛이 떨어지는 것은 어쩔 수 없었어요. 그래서 고구려 사람들은 염장해 놓은 음식에 양념을 넣어 더 맛있게 먹는 방법을 만든 거예요. 그게 바로 발효 식품이에요. 채소에 마늘, 생강과 같은 양념을 넣고

지금의 김치는 아니지만 고구려인들도 소금에 절인 채소를 먹었어요.

채소를 소금에 절여 마늘과 생강으로 양념해 두면 겨울에도 먹을 수 있지요.

절이면 그 음식은 발효가 되어 색다른 맛을 내게 되지요.

고구려 사람들이 담가 먹은 음식은 오늘날의 백김치에 가까운 것이라고 볼 수 있어요. 그 당시 우리나라에는 고춧가루가 없었거든요. 고구려 사람들은 김치라고 부르는 음식을 담가 먹지는 않았지만 김치의 기원이 되는 음식을 만들어 먹었다고는 말할 수 있답니다.

지금의 고추는 임진왜란 이후에 들어왔어요.

고구려 때 김치는 고춧가루를 쓰지 않아서 색깔이 하얗고요.

현재 김치는 고춧가루를 사용한 빨간 김치가 많지요.

74 고구려 때도 불고기가 있었다고요?

고구려 사람들은 고기 먹는 것을 매우 좋아했어요. 고구려 사람들은 평소에도 사냥을 통해 서로 무예를 겨루고 몸을 단련하면서 사냥으로 잡은 고기를 즉석에서 구워 먹었지요.

또는 고기를 양념해서 숙성시켜 구워 먹는 것도 좋아했어요. 그 대표적인 음식이 맥적이에요. 맥적은 그 맛이 뛰어나 고구려와 접하고 있는 나라로 널리 퍼져 나갔어요. 중국의 책 〈수신기〉에 사람들이 다른 민족의 음식인 맥적을 즐겨 먹는 것은 외국의 침략을 받을 징조라며 걱정하는 대목이 바로 그 증거지요. 여기서 지은이는 중국 사람들의 밥상이 맥적에게 점령당하는 것을 보고 고구려에게도 점령당하지 않을까 걱정한 것이랍니다.

맥적이란 고구려에 속해 있던 맥족이란 민족이 즐겨 먹은 고기구이 요리예요.

맥적의 고기는 멧돼지나 노루, 돼지, 소, 개 등 다양한 동물의 고기를 사용했어요. 이런 맥적이 인기 있었던 것은 특유의 고소한 맛 때문이었다고 해요. 비결이 뭐냐고요? 그 비결은 바로 간장이었어요. 고구려는 대두라는 콩의 원산지였는데, 대두로 간장을 담그면 그 맛이 아주 고소했다고 해요. 당연히 이런 간장에 절인 고기를 숯불에 구워 먹으면 그 고소함이 더했겠지요.

<맥적 요리법>

1. 간장 항아리에 재워 둔다. 2. 꺼내어 마늘로 양념한 뒤 3. 숯불에 굽는다.

맥적의 인기는 특유의 고소한 맛 때문이었는데, 그것은 대두로 담근 간장 때문이었어요.

맥적은 지금의 너비아니나 불고기의 원조라고 생각하면 된답니다.

이렇게 고구려 사람뿐만 아니라 중국 사람들의 입까지 즐겁게 해 주었던 맥적은 그 이후로도 이어져 우리가 아는 너비아니나 불고기로 발전하게 되었답니다.

75 고구려 때는 전염병이 없었나요?

인류의 역사에서 전염병은 엄청난 재앙이었어요. 중세 유럽에는 흑사병이 돌아 유럽 인구의 절반이 죽어 나갔다는 기록도 있으니까요. 그런데 신기하게도 고구려 역사를 보면 전염병이 돌았다는 기록이 극히 드물어요. 중천왕 9년, 소수림왕 9년, 안원왕 5년에 전염병이 있었다는 기록이 있지만, 모두 추운 겨울에 일어난 것이라 피해가 그리 크지는 않았답니다.

사실 고구려인들이 살던 만주 지역의 여름은 매우 무더웠어요. 때문에 전염병이 생기기에 아주 적당한 날씨였지요. 그럼에도 불구하고 전염병에 대한 기록이 드물었던 것을 보면 고구려 사람들의 위생 상태가 아주 좋았다는 것을 알 수 있어요. 전염병은 주로 더러운 곳에서 발생하니까요.

중국의 〈후한서〉, 〈양서〉, 〈주서〉, 〈수서〉 등에도 고구려 사람들이 유별나게 목욕을 즐겼다고 적혀 있어요.

고구려 사람들은 여름철 물가에 옷을 벗어 두고 깊은 쪽으로 가서 남녀가 함께 목욕을 했다고 해요. 하지만 이상한 상상을 하면 곤란해요. 대신 여자들은 모시 치마를 입었으니까요. 목욕을 좋아했던 고구려 사람들은 그만큼 옷도 자주 갈아 입었고, 당연히 빨래도 자주 해야 했답니다.

이처럼 청결한 고구려 사람들이었기 때문에 전염병으로부터 안전할 수 있었어요. 겨울에 전염병이 돌았다는 기록도 이를 뒷받침하고 있는 셈이지요. 겨울에는 너무 추워 목욕을 자주 할 수 없으니까요.

76 가발 쓰는 것이 유행이었다고요?

고구려 고분 벽화의 여인도를 보면 여인들이 얹은머리를 하고 있는 것을 볼 수 있어요. 여인들은 머리에 가발을 올려 놓고 비녀 등으로 고정했는데, 이 가발을 '다리'라고 불러요.

다리는 잘라 놓은 긴 머리카락을 땋아 묶어 만들었는데, 우리나라 가발의 시초라고 알려져 있어요. 처음에 다리는 주로 머리숱이 적은 여인들이 머리숱을 많아 보이게 하려고 사용했지요.

얹은머리는 주로 머리숱이 적은 여인들이 머리숱을 많아 보이게 하려고 사용했어요.

사용 전   사용 후

하지만 시간이 지날수록 다리를 사용하는 목적이 달라졌어요. 머리숱이 적거나 대머리인 것과는 상관없이 고구려 여인들은 경쟁적으로 다리를 많이 얹어 머리를 크게 보이려고 했지요.

당시 다리는 매우 비싸서 아무나 사용할 수 없었다고 해요. 〈삼국사기〉에 따르면 신라가 당나라 황제에게 바치는 예물 중에 다리가 있었다고 하니 다리가 얼마나 귀했는지 잘 알 수 있겠죠. 다리가 이렇게

귀하게 여겨지다 보니 본래 쓰임을 잃어버리게 된 거예요. 귀족 집안의 여인들은 자신들의 부와 아름다움을 뽐내기 위해 다리를 시들였고, 그것으로 얹은머리를 했지요. 때문에 고구려 때에는 다리를 많이 얹을수록 신분이 높다는 걸 의미하게 되었답니다.

다리의 인기가 이렇게 대단하다 보니 다리를 만드는 데 필요한 머리카락을 팔려고 하는 사람들도 꽤 많았을 거예요.

77 고구려 여인들도 화장을 했나요?

고구려 무덤에 그려진 여인들의 입술이 붉고 볼에 연지가 찍혀 있는 것을 보면, 고구려 때도 화장을 했다는 것을 알 수 있어요. 더구나 신분의 높고 낮음에 상관없이 모두 연지를 찍고 있는 모습은 화장이 고구려 사람들에게 널리 퍼져 있었음을 말해 주지요.

고구려에서는 특히 연지를 이용한 화장이 유행했는데, 연지란 홍화의 꽃잎으로 만든 붉은 색조의 화장품이에요. 연지가 우리나라에 언제 들어왔는지는 정확히 알 수 없지만 6세기경 고구려 승려 담징이 일본에 연지를 전했다는 기록으로 보아 그 전에 이미 연지가 널리 사용되고 있음을 알 수 있어요.

홍화는 붉은 꽃이 피는 국화과 식물이에요.

이 식물의 색소인 홍소는

혼례 때 바르는 연지의 원료로 썼으며

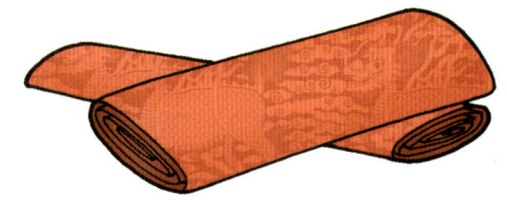

무명이나 비단을 붉게 물들이는 염색 재료로도 쓰였어요.

고구려 여인들의 화장법은 진하지 않고 담백하면서 소박했어요. 전체적으로 차분한 모습을 보이는 것을 중요하게 생각했거든요. 그러면서도 특정 부분을 강조하는 방법을 사용했어요. 특히 입술 화장에 많은 신경을 썼지요. 입술에 연지를 바를 때 입술 전체에 고르게 바르기보다는, 입술의 가운데로 갈수록 진하게 발랐거든요. 이런 화장을 하게 되면 작은 입이 강조되어 보이지요. 이것으로 보아 고구려 때는 입이 작은 여인을 아름답게 생각했던 것 같아요.

고구려 여인들은 주로 볼과 입술에 발랐으며

입술에 바를 땐 가운데를 진하게 발라 입술이 작게 보이게 하는 것이 유행이었답니다.

또한 고구려 여인들은 눈썹 화장도 했어요. 벽화에 보면 연지 화장과 함께 반달 모양의 눈썹을 그려 넣은 흔적을 찾아볼 수 있어요. 먹으로 눈썹을 그리거나 혹은 눈썹을 뽑아 그 모양을 만들었을 거예요.

이렇게 나름의 화장법을 가지고 있던 고구려였지만 안타깝게도 화장품이나 화장품 통과 같은 유물이 발견되지는 않아 고구려의 화장법에 대해 정확히 알기는 어렵답니다.

78 동생이 형의 부인과 결혼을 했다고요?

고구려에서는 형이 죽으면 동생이 형의 부인을 아내로 맞이하는 '형사취수제'라는 풍습이 있었어요. 그 대표적인 예가 우씨와 산상왕의 이야기이지요.

형사취수제는 본래 유목 생활을 하는 사람들의 풍속이에요. 유목 생활은 떠돌아다녀야 했기 때문에 만약 형이 죽으면 동생이 형의 가족들을 돌봐야 했던 것이지요. 이렇듯 형사취수제는 생존의 한 방법이었답니다.

이런 형사취수제가 고구려의 풍습이 된 것은 고구려에 전쟁이 많았던 탓도 있어요. 잦은 전쟁으로 남자들이 죽는 경우가 많았기 때문에 남편을 잃는 여자들이 많이 생겨났어요. 그런데 이렇게 남편을 잃은 여자가 아이들을 데리고 다른 부족의 남자와 결혼을 하게 되면 큰일이었어요. 당시 고구려에는 부족적 전통이 남아 있었거든요. 때문에 부족들은 세력을 키우기 위해 인구를 늘리고 재산도 불려야 했지요. 그런 상황에서 남편을 잃은 여자가 떠나가 버리면 부족 입장에서는 엄

 큰 손해였답니다. 그래서 동생이 형의 가족을 책임지게 된 거예요.
 하지만 이런 형사취수제는 오래가지 못했어요. 고구려의 부족적 전통과 함께 점점 사라져 버렸거든요. 그리고 세월이 흘러 예법을 중시하는 유교가 진해지자 동생이 형의 아내와 결혼하는 것은 오히려 매우 큰 죄가 되었답니다.

79 고구려의 여인들이 적극적이었다고요?

제 인생은 제가 결정해요. 저는 소중하니까요.

조선 시대에는 남편이 죽으면 아내는 평생을 수절하며 지내야 했어요. 행여 다른 남자와 재혼을 하는 것은 상상조차 할 수 없는 일이었지요.

하지만 고구려는 달랐어요. 고구려에서는 여성들이 사회적으로 상당한 대우를 받았어요. 고구려를 세우는 데 큰 역할을 했던 소서노의 경우만 봐도 잘 알 수 있지요. 소서노는 부족의 미래를 위해 주몽과 다시 결혼한 후, 자신의 아들인 비류와 온조를 데리고 내려가 백제를 세우는 데도 큰 역할을 했답니다.

고구려 초기의 결혼 풍습인 데릴사위제에서도 여성의 지위가 남달랐다는 것을 알 수 있어요. 남자는 여자를 신부로 맞이하려면 그만큼의 대가를 치러야 했으니까요. 이는 여자의 노동력을 매우 중요시했다는 것을 뜻하지요.

율령 반포 이후 데릴사위제가 사라지고 연애가 유행하면서 여성의 지위는 더욱 높아졌어요. 이제 여성은 스스로 자신의 짝을 결정할 수 있게 되었지

비류야, 온조야, 이제 너희들의 나라를 만들러 가자꾸나.

요. 평강 공주가 그 대표적인 사례예요. 그녀는 자신이 점찍은 상대인 온달과 결혼했고, 후에 온달을 최고의 장수로 키울 만큼 매우 주도적인 여성상을 보여 주고 있지요.

이와 같은 예들을 보면 고구려 여인들은 매우 적극적이고 자신의 운명을 스스로 결정지을 수 있는 위치에 있었다는 것을 알 수 있어요. 필요에 따라서는 재혼을 하기도 했고요.

80. 고구려 남자들이 신부 집에서 살았다고요?

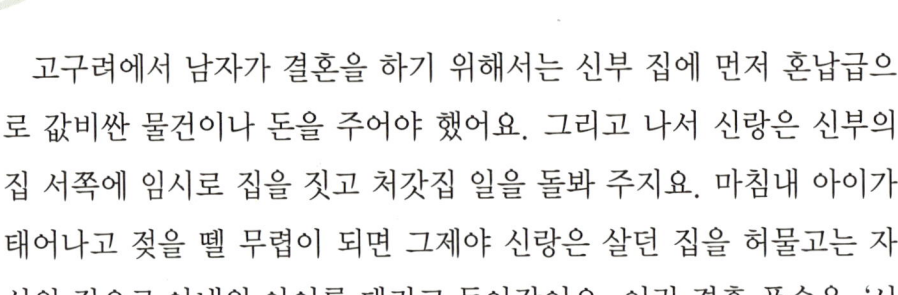

고구려에서 남자가 결혼을 하기 위해서는 신부 집에 먼저 혼납급으로 값비싼 물건이나 돈을 주어야 했어요. 그리고 나서 신랑은 신부의 집 서쪽에 임시로 집을 짓고 처갓집 일을 돌봐 주지요. 마침내 아이가 태어나고 젖을 뗄 무렵이 되면 그제야 신랑은 살던 집을 허물고는 자신의 집으로 아내와 아이를 데리고 돌아갔어요. 이런 결혼 풍습을 '서옥제' 혹은 '데릴사위제'라고 불렀답니다. 이런 풍습이 생겨난 이유는 뭘까요?

고구려 시대에 결혼을 하려면…

신부에게 혼납금으로 값비싼 물건이나 돈을 주어요.

신부 집 서쪽에 임시로 집을 짓고 신부 집 일을 도우며 신부랑 살다가

아이가 태어나 젖뗄 무렵이 되면

집을 허물고 아내와 아이를 데리고 자신의 집으로 돌아갑니다.

고구려는 다섯 개의 부족이 모여 만든 나라였기 때문에 개인의 이익보다는 부족과 집안의 이익을 더욱 중요하게 생각했어요. 이런 면에서 보면 다 자란 딸은 집안의 아주 큰 재산이었지요. 그런데 그런 딸이 시집을 가 버리면 집안으로서는 아주 큰 손해였던 거예요. 그

래서 서옥제와 같은 결혼 풍습이 생겨난 것이지요. 그런데 서옥제 같은 풍습이 지켜지려면 결혼하기 전에 먼저 서로의 집안에 대해 잘 알아야 했어요. 집안 간에 서로의 입장을 이해하지 못한다면 다툼이 날 수도 있으니까요. 그래서 고구려 사람들은 대부분 부모나 친척들의 중매로 결혼했다고 해요.

그러나 고구려의 이런 결혼 풍습은 오래가지 못했어요. 영토가 점점 넓어지면서 고구려는 다양한 민족이 함께 사는 나라로 변했고, 경제적으로도 풍요롭게 되었거든요. 이렇게 되자 돈을 받고 딸을 시집보내는 것을 매우 부끄럽게 여기기 시작했어요. 그래서 고구려 사람들은 점점 중매결혼보다는 연애결혼을 하게 되었답니다.

81 고구려 사람들도 축구를 했나요?

전쟁이 많았던 고구려 사람들은 운동하는 것을 좋아했어요. 특히 혼자 하는 운동보다는 여러 사람들이 함께하는 운동을 좋아했지요.

〈구당서〉에 전하는 바에 의하면, 고구려 사람들은 축국이란 운동을 매우 잘했다고 해요. 축국이란 발로 공을 차며 즐기는 운동으로, 삼국 시대 때 중국에서 전해져 널리 즐기게 되었어요. 공을 떨어뜨리지 않고 발로 차야 했기 때문에 제기차기의 기원이 되었다는 주장도 있었지요.

하지만 축국이 지금의 축구처럼 골대에 공을 차 넣는 운동이었는지는 정확하지 않아요. 왕운정의 〈축국도보〉에 의하면, 골대가 있는 경우도 있고 없는 경우도 있었다고 하니까요. 또한 혼자 즐기는 축국도 있고 여럿이서 즐기는 축국도 있었다고 하네요.

고구려 사람들은 씨름과 사냥도 즐겼어요. 각저총에 그려진 씨름도를 보면, 고구려의 씨름은 지금과 거의 비슷했다는 걸 알 수 있어요.

▼ 무용총의 수렵도

▲ 각저총의 씨름도

고구려인들은 동맹과 같은 축제 때 씨름을 하며 서로의 힘을 겨루고 우정도 다졌지요. 사냥도 많은 사람들이 즐겼는데, 여기에는 고구려 왕도 참가했어요. 왕은 백성들 앞에서 자신의 사냥 솜씨를 보여 줌으로써 백성들이 자신을 믿고 따르게끔 만들었지요.

고구려에는 바둑 고수들도 많았다고 하니, 고구려 사람들은 육체적인 단련뿐만 아니라 정신적인 단련에도 힘쓴 듯해요.

82 신라 첨성대에서 고구려의 하늘을 봤다고요?

밤하늘을 관찰하고 별자리를 연구하는 천문학은 옛날 사람들에게도 매우 중요한 학문이었어요. 밤하늘의 별들은 계절에 관한 중요한 정보를 주어 농사가 잘되게 해 줄 뿐만 아니라 길 잃은 여행자에게는 올바른 방향을 알려 주었으니까요.

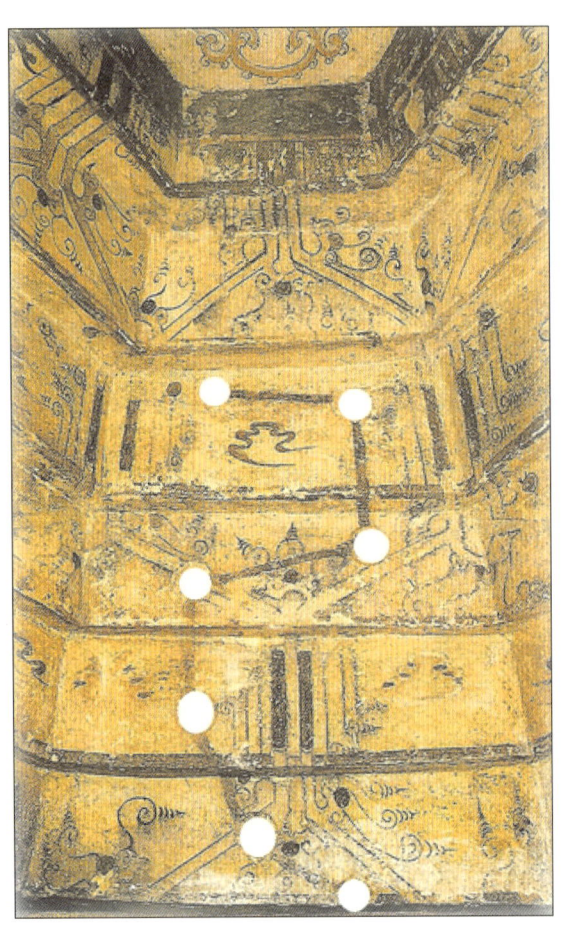

<덕화리 2호 벽화>

고구려의 천문학은 그 수준이 매우 높았어요. 고구려 사람들은 하늘의 중심에 북극과 북두칠성 그리고 해와 달이 있고, 태양이 지나는 길에는 28개의 별자리가 있다고 믿었어요. 이러한 고구려인들의 생각은 덕화리 2호 고분 벽화를 포함한 22기의 고분 벽화에 잘 담겨져 있지요.

고구려의 천문학은 중국의 것과는 다른 독창적인 것이었어요. 중국 사람들은 북극을 9개의 별로 표현했지만 고구려 사람들은 3개의 별로 표현했지요.

이와 같은 고구려의 천문학은 다른 나라에도 많은 영향을 주었어요. 특히 신라는 첨성대에서 별을 관찰할 때 고구려의 평양성을 밤하늘의 중심으로 삼을 정도였지요.

이후 고구려의 천문학은 고려에도 계승되었어요. 조선 초에 세계 최초의 천문도인 천상열차분야지도가 제작되는데, 이 역시 1세기의 고구려 하늘을 중심으로 그린 것이라고 하니, 고구려의 천문학이 어느 정도였는지 잘 알 수 있지요.

<천상열차분야지도>

83 고구려 사람들이 생각한 하늘나라는?

고구려 사람들이 생각한 하늘나라에는 온갖 신비한 동물과 식물이 살았어요. 세 발 달린 까마귀 삼족오와 하늘의 중심을 상징하는 황룡도 살았지요. 때문에 고분 벽화에는 황룡을 북극성과 함께 묘사하기도 했답니다.

동서남북 사신
(청룡, 백호, 주작, 현무)과
중앙 천장에 황룡을
덧붙였다.

<각저총의 해 그림>
해 속에 삼족오를
그려 놓았다.

<오회분 4호묘의 황룡도>

하늘나라에는 기린도 살았어요. 하지만 아프리카에 사는 키다리 신사 기린을 상상하면 큰 오산이에요. 기린은 얼핏 보면 사슴처럼 생겼는데, 꼬리는 소의 것과 비슷하고 머리에는 유니콘처럼 기다란 외뿔을 달고 있으며 발굽은 말의 것과 비슷해요. 이 기린은 이상 사회가 이루어지면 나타난다고 해서 고구려 사람들은 기린이 나타나기를 손꼽아 기다렸다고 해요. 그리고 기린 외에도 비어라는 물고기도 살았어요. 비어는 신기하게도 날개를 달고 심지어 다리도 가지고 있지요. 그러니 비어가 하늘나라에서 산다고 해도 전혀 이상할 것이 없어요. 이 밖에도 고구려 사람들은 하늘나라에 청룡, 봉황, 하늘 사슴 등 신

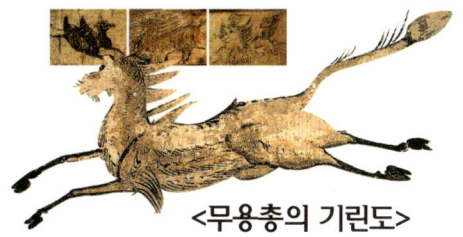
<무용총의 기린도>

<덕흥리 고분의 천마(千馬)>

<덕흥리 고분의 비어(飛魚)>

<안악 1호분의 비어(飛魚)>

비한 동물들이 많이 산다고 믿었답니다.

 이처럼 많은 동물들이 사는데 식물이 빠질 수 없지요. 하늘나라에는 연꽃도 있었어요. 동양에서는 예로부터 연꽃을 신비한 식물로 생각했거든요. 그런데 이처럼 많은 동물과 식물이 사는 하늘나라는 어떻게 하늘 위에 솟아 있을 수가 있었을까요? 그것은 상서로운 나무 덕분이에요. 땅 위에 뿌리를 두고 솟아오른 상서로운 나무는 얼마나 큰지 하늘나라를 든든히 받치는 기둥 역할을 했답니다. 사람들은 이 나무를 타고 올라가면 하늘나라에 갈 수 있다고 믿었지요.

<장천 1호분 벽화>
연꽃은 생명과 빛의 상징으로, 고구려인들은 죽어서 연꽃에서 다시 태어나기를 바랐다.

<각저총 널방에 있는 상서로운 나무 그림>

187

84 무덤이 고구려 왕들의 이름을 지어 줬다고요?

소수림왕은 죽어서 어디에 묻혔을까요? 매우 어려운 질문 같지만 답은 간단해요. 소수림왕은 소수림촌에 묻혔답니다. 소수림왕뿐만 아니라 민중왕은 민중 땅에 묻혔고, 봉상왕은 봉상에 묻혔어요. 이처럼 고구려 28명의 왕 중에 12명의 왕 이름이 죽은 후에 묻힌 곳의 지명을 따 지어졌답니다.

<묻힌 곳의 지명을 따서 이름 지은 왕>

소수림왕
(소수림촌)

모본왕
(모본 언덕)

국강상광개토경평안호태왕
(국강상)

<자기의 원래 이름이 남아 있는 왕>

동명왕
(주몽)

유리왕
(유리)

보장왕

<업적 또는 특징으로 이름 지은 왕>

장수왕
(98세까지 살아서 지어진 이름)

태조왕
(실질적 국가의 면모를 갖춤)

동양에서 왕의 이름은 대개 왕이 죽은 후에 지어져요. 그리고 이렇게 지어진 왕의 이름을 그의 업적과 함께 묘지의 비문에 적어 놓지요. 고구려도 마찬가지였어요. 때문에 고구려 왕들의 정확한 이름을 알기 위해서는 왕의 비문을 찾아봐야 해요. 하지만 안타깝게도 지금 남아 있는 고구려 왕의 비문은 광개토 대왕비뿐이랍니다.

국강상	능의 위치
광개토경	업적
평안	치세의 표현
호태왕	왕을 아름답게 부르는 것

<광개토 대왕 비문에 적힌 광개토 대왕의 정식 이름>

광개토 대왕 비문에 적힌 광개토 대왕의 정식 이름은 '국강상광개토경평안호태왕'이에요. 여기서 '국강상'이란 광개토 대왕의 무덤이 있는 곳의 지명을 뜻해요. 즉, 광개토 대왕의 이름을 풀이해 보면 '국강상에 묻혀 있으며 땅을 넓히고 평안을 가져다 준 좋고 위대한 왕'이라는 뜻이 되지요. 이와 같이 광개토 대왕의 이름에도 죽은 뒤 묻힌 곳의 지명이 들어가 있답니다.

국강상 $#@&? 모르겠다. 그냥 광개토 대왕이라 하지 뭐~.

다른 왕들도 마찬가지랍니다. 다만 후세 사람들이 왕의 이름을 기록할 때 편의상 이름의 맨 앞만 떼어 불렀을 가능성이 높아요. 그리고 지금은 그렇게 줄여 부른 이름만이 전해 오는 것이겠지요.

85 고구려 무덤에 단군 신화가 그려져 있다고요?

아마도 단군 신화 이야기를 모르는 사람은 없을 거예요. 그런데 이런 단군 신화의 이야기가 장천 1호분 벽화에도 그려져 있어요. 여기에는 굴속에서 웅크리고 있는 곰의 모습과 배고픔을 참지 못하고 굴 밖을 뛰쳐나가는 호랑이의 모습이 그려져 있지요. 그런데 재미있게도 굴 밖으로 뛰쳐나온 호랑이 앞에는 무시무시한 기마 무사들이 그려져 있어요. 아마도 이 호랑이는 기마 무사들의 사냥감이 되고 말았을 거예요. 어때요, 우리가 알고 있는 단군 신화와는 조금 다르죠?

<장천 1호분 곰과 호랑이가 그려진 사냥도>

이처럼 고구려 사람들은 단군 신화의 이야기를 약간 고쳐서 각색을 하기도 했어요. 마치 지금의 우리가 백설 공주 이야기를 고쳐서 패러디하는 것처럼 말이에요. 이는 단군 신화가 고구려 사람들에게 친숙한 이야기가 아니었다면 불가능한 일이지요.

장천 1호분 말고도 각저총 등 다른 고분에도 곰과 호랑이의 모습이 그려져 있어요. 이렇게 고구려의 문화 속에 단군 신화가 깊숙이 자리 잡은 이유는 고구려 사람들의 마음속에 고구려가 고조선을 잇고 있다는 자부심이 있었기 때문이에요. 그리고 그런 모습은 고조선의 옛 땅을 회복하고자 했던 고구려의 역사에도 잘 나타나 있지요. 일본이 고조선의 역사를 부정하고 중국이 고구려의 역사를 자기네 것이라고 우기는 지금의 현실에서 단군 신화야말로 백설 공주 이야기보다 더욱 친숙해져야 할 우리의 이야기랍니다.

86 을지문덕의 성은 뭐예요?

살수 대첩으로 유명한 고구려의 장군 을지문덕의 이름을 모르는 사람은 아마 없을 거예요. 그런데 이상하게도 을지문덕 장군에 대해서 알려진 것은 별로 없어요. 〈삼국사기〉에도 살수 대첩에 대한 이야기만 나올 뿐, 부모가 누구인지 심지어 어디에서 태어났는지조차도 알려져 있지 않거든요.

그런데 중국의 역사책에는 을지문덕을 '울지문덕'이라고 적어 놓은 것들이 있어요. 만약 이것이 사실이라면 을지문덕에 대한 궁금증은 의외로 쉽게 풀려요. 울지는 선비족의 성씨였으니까요. 선비족은 남만주에서 몽골 지방에 걸쳐 사는 북방 민족이었어요. 당시 선비족은 따로 무리지어 살기도 했지만 중국과 고구려에 와 살기도 했지요. 더구나 고구려는 다른 민족을 차별하지 않았기 때문에 선비족 출신인 을지문덕이 장군이 되는 것은 전혀 이상한 일이 아니었어요.

하지만 단정할 수는 없어요. 고구려의 국상 을파소처럼 을지문덕의 성도 을씨일 가능성이 있거든요.

또한 을지문덕의 을지가 연장자에게 주는 일종의 존칭이라는 주장도 있어요. 이 역시 가능성이 없는 이야기는 아니랍니다.

87 고구려 말은 지금과 많이 달랐나요?

지금까지 전해지는 고구려의 단어는 불과 100여 개가 되지 않아요. 게다가 이 중에는 확실하지 않은 것들도 많기 때문에 고구려어가 어떤 모습이었는지 정확히 알기는 힘들지요. 단지 전해지는 몇몇 단어와 기록으로 고구려어를 상상해 볼 수 있을 뿐이랍니다.

〈삼국지 위지동이전〉에 따르면, 고구려의 언어는 부여의 언어와 다르지 않았다고 해요. 게다가 숙신과 같은 북방 민족의 언어와도 비슷했다고 하지요.

그래서 지금은 고구려어를 북방계의 부여어 계통으로 분류해요.

이런 고구려의 언어는 백제와 신라의 언어와 많은 차이를 보였을 거예요. 그럼에도 불구하고 고구려 사람들은 백제나 신라 사람들과도

불편 없이 이야기할 수 있었던 것 같아요.

〈삼국사기〉에는 신라의 김춘추가 백제를 막을 원군을 요청하기 위해 고구려를 찾아가는 이야기가 나오는데, 이 자리에서 김춘추와 보장왕 사이에 통역을 썼다는 말은 나오지 않거든요. 이처럼 당시에 고구려, 백제, 신라는 각기 사용하는 단어의 차이는 있을지언정 대화가 불가능할 정도의 언어 장벽은 존재하지 않았던 듯해요.

고구려가 당에 의해 망하고 신라가 삼국을 통일하면서 삼국의 언어는 신라의 경주말을 중심으로 많은 변화를 겪었어요. 그리디 고려 시대가 되면서 고구려 말은 다시 그 빛을 보게 되었을 거예요. 고려의 수도인 개성이 본래 고구려 땅이었으니까요. 그리고 그런 고구려 말은 조선 시대를 거쳐 지금의 우리말이 되는 데 큰 역할을 했을 거예요.

88 고구려 사람들은 왜 한자를 썼나요?

이렇게 멋진 문화를 후대에 알릴 우리 문자가 없다니…….

고구려는 독자적인 문화를 이룩해 냈음에도 불구하고 고구려만의 문자가 없었어요. 때문에 고구려 사람들은 문서를 만들거나 기록을 남길 때 중국의 한자를 사용해야 했지요.

비록 한자를 빌려 와 사용했지만 고구려 사람들이 사용한 한자는 좀 남달랐어요. 한자를 그대로 쓰지 않고 한자의 음과 뜻을 빌려서 고구려의 말을 적었던 것이지요. 이것을 '이두'라고 해요.

이두란 한자의 음과 뜻을 빌려 쓴 것.

<음을 빌려 쓴 경우>　　<뜻을 빌려 쓴 경우>

大谷 = 큰골
대 곡　　큰골짜기

아리 + 수 = 한강 (큰 강)

아쉽게도 고구려인들이 이두를 사용해 기록한 자료는 거의 전해지지 않아요. 〈삼국사기〉 등에 남아 있는 막리지나 대대로 같은 고구려의 관직명이나 아리수(한강) 같은 지명을 통해 그 흔적을 볼 수 있을 뿐이지요.

단어 표기뿐만 아니라 어순에 있어서도 고

구려 사람들은 우리 언어의 순서대로 글을 쓰기도 했어요. 또한 글을 쓸 때 중국과는 달리 주어를 생략해 쓰기도 했지요. 광개토 대왕비를 해석하기 힘든 것도 이런 이유 때문이랍니다.

고구려식의 한자 사용은 백성들도 쉽게 한자를 사용할 수 있도록 도와 주었어요. 게다가 5세기 이후 경당에서는 일반 백성에게도 한자를 가르쳤지요. 아차산에서는 어느 고구려 병사의 것으로 보이는 물병이 발견되었는데, 물병에는 병사의 이름이 쓰여 있었지요. 이처럼 평범한 병사도 한자를 쓸 정도로 고구려의 문자 수준은 높았답니다.

89 고구려 사람들은 지금보다 덩치가 컸나요?

사마천의 〈사기〉에는 '고구려 사람들은 활을 잘 쏘고 말을 잘 타며 덩치도 컸다.'라고 쓰여 있어요. 이외에도 많은 중국의 책들이 고구려 사람들의 몸집이 매우 컸다고 전하고 있지요.

초기 고구려 사람들은 주로 수렵과 사냥을 했기 때문에 육식을 즐겨 먹었어요. 하지만 이후 나라가 넓은 영토를 차지하고 농사를 지을 수 있는 많은 농토를 얻게 되자 육식과 함께 곡물도 섭취함으로써 균형 잡힌 식사를 할 수 있게 되었지요.

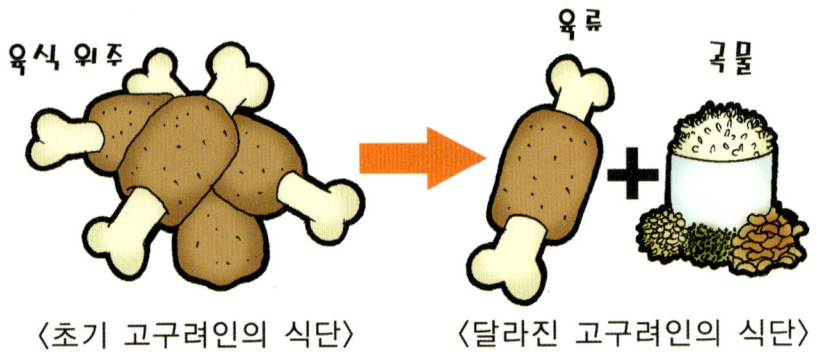

〈초기 고구려인의 식단〉 〈달라진 고구려인의 식단〉

더구나 고구려 사람들은 운동하기를 좋아했어요. 전쟁이 많았기 때문에 틈틈이 무예를 익히거나 씨름을 하며 힘을 겨루고는 했지요. 이렇게 좋아진 영양 상태에 운동까지 곁들였으니 덩치도 자연히 커졌을 거라고 생각하기 쉬워요.

그러나 발견된 고구려 사람들의 유해를 보면 꼭 그렇지는 않아요.

아차산 등지에서 발견된 고구려 병사들의 유해를 보면 대부분 163~165cm 정도거든요. 이를 가지고 짐작
해 보면 당시 고구려 사람들은 보통 160~170cm 정도의 체격으로, 지금과 비교해서는 그다지 크다고 할 수 없어요. 그렇지만 당시 주변의 다른 나라 사람들과 비교해 보면 매우 큰 편이었답니다.

90 도둑들은 왜 고구려 무덤을 좋아했나요?

예전에는 왕이 죽으면 왕관이나 값비싼 장신구들도 함께 묻었기 때문에 일반적으로 무덤을 발굴하면 많은 유물들이 나와요. 그런데 이상하게도 고구려의 무덤에서는 유물들이 잘 발견되지 않아요. 이것은 무덤이 잘 관리되지 못했고 많은 유물들이 적군이나 도둑들에게 약탈당했다는 뜻이에요.

고구려 사람들은 무덤 안에 사람이 서서 다닐 수 있는 크기의 돌방을 만들고 그 안에 시신과 부장품을 놓았어요. 그리고 그 위를 흙으로 덮었는데, 이런 무덤 양식을 '굴식 돌방무덤'이라고 해요. 고구려가 평양성으로 도읍지를 옮긴 후, 이런 굴식 돌방무덤은 고구려의 대표적인 무덤 양식이 되지요. 그런데 굴식 돌방무덤에는 돌방으로 이어지는 입구와 통로가 있어 도둑이 들기에 안성맞춤인 구조였어요. 때문에 고구려 무덤에는 유물이 많이 남아 있지 않은 거예요.

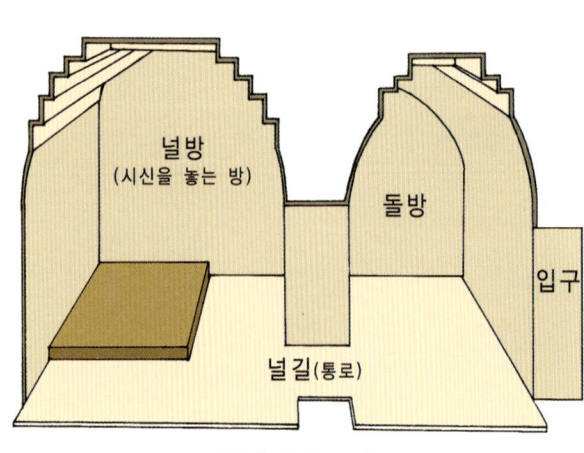

〈굴식 돌방무덤〉

<씨름도> <무용도>
<수렵도>
<수렵도> <수박희>

하지만 이런 굴식 돌방무덤 덕분에 남아 있는 것도 있어요. 그것은 바로 벽화예요. 굴식 돌방무덤에는 돌방과 돌로 된 통로가 있어 그림을 그릴 수 있는 공간이 많았어요. 고구려 사람들은 벽에 석회를 바르고 그 위에 씨름도나 여인도, 수렵도 등 고구려 사람들이 사는 모습들을 그려 놓았지요. 그 덕분에 지금 우리들이 고구려 사람들의 모습이나 사는 방식들을 잘 알 수 있는 것이랍니다.

201

91 고구려에도 피라미드가 있었나요?

　중국의 지린성 지안현에는 고구려의 대규모 고분군이 있어요. 이곳에는 3세기 초부터 427년까지 만들어진 태왕릉, 사신총, 장군총 등의 석릉과 약 1만여 기의 토분들이 자리잡고 있지요. 이 중에서 단연 으뜸은 다른 석총들과 달리 외형 훼손이 거의 되지 않은 장군총이랍니다.

　장군총은 화강암을 잘라 만든 돌을 7단으로 쌓아 만든 무덤으로, 그 높이가 약 13m에 달해요. 게다가 한쪽의 길이가 33m나 될 만큼 폭도 길지요. 장군총을 바라보면 누구라도 그 웅장함에 압도당할 정도예요. 그런데 재미있는 점은 장군총의 모습이 마치 고대 이집트의 초기 피라미드 형태와 매우 닮았다는 거예요.

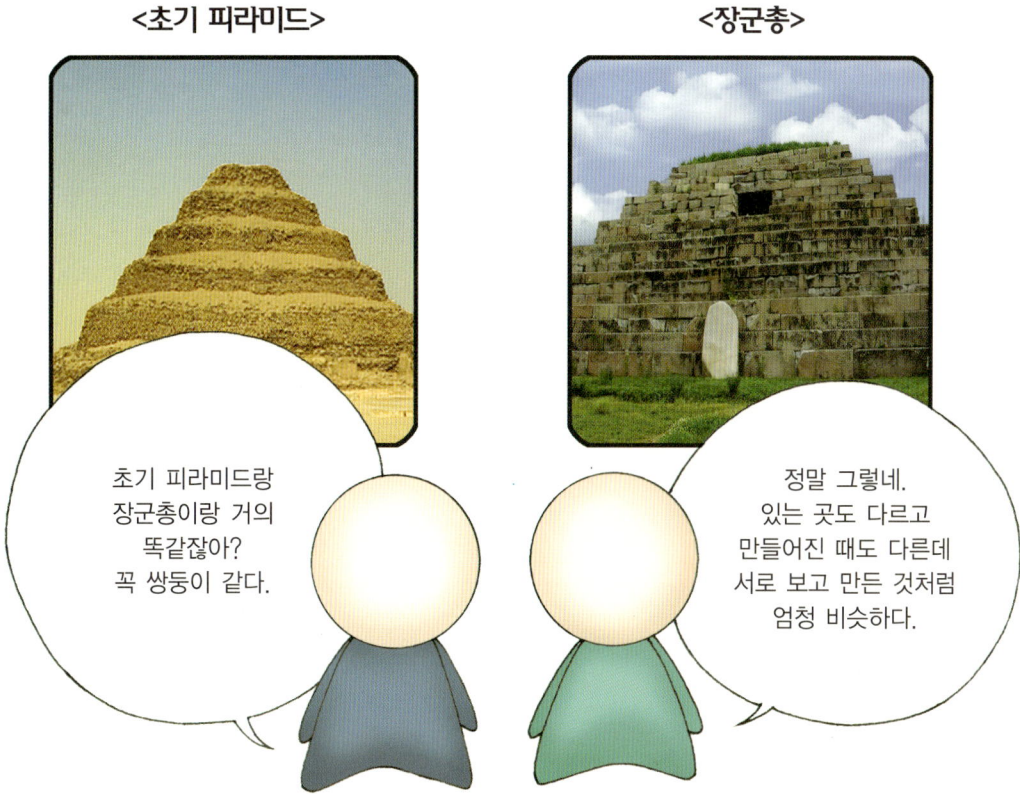

　초기 이집트의 피라미드는 흔히 알려져 있는 사각뿔 형태의 모습과는 달리 층층으로 쌓아 올린 탑처럼 생겼어요. 장군총도 7단으로 단을 쌓아 올리면서 그 기단 주위에 너비 4m로 돌을 깔아 능의 표면이 약간 완만해 보이도록 했지요. 이렇듯 초기 피라미드와 장군총은 그 모습이 매우 유사해요. 하지만 고구려의 장군총이 이집트 문화의 영향을 받은 것은 아니에요. 겉모습과는 다르게 능의 내부는 고구려의 독자적인 모습이니까요.

92 까마귀가 태양을 상징한다고요?

일본 축구 대표 팀의 유니폼에는 세 발 달린 까마귀, 즉 삼족오가 그려져 있어요. 그런데 고구려의 쌍영총, 무용총 등의 대다수의 고구려 고분에도 삼족오가 그려져 있어요.

고구려 고분 벽화에 그려진 삼족오는 까만 새의 모습을 하고 있으며 하나의 몸통에 발이 세 개가 달려 있어요. 이렇게 보면 일본의 삼족오와 크게 다르지 않아 보이지만, 고구려의 삼족오에는 보통 까마귀에는 없는 기다란 벼슬이 달려 있고 불을 형상화하는 듯한 테두리가 온몸을 감싸고 있지요.

<고구려의 삼족오>

<일본의 삼족오>

고구려 사람들은 고구려 건국 시기 때부터 자신들을 하늘의 후손이라고 여기며 태양을 숭상했어요. 이렇게 고구려 사람들이 태양을 숭배한 것은 태양이 세상의 중심이라고 고구려 또한 세상의 중심이라고 생각했기 때문이지요.

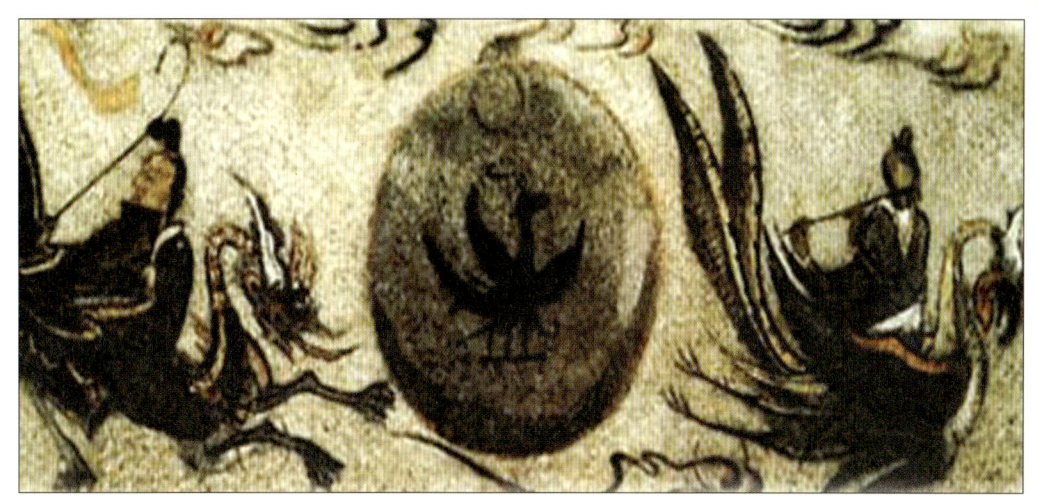

<오회분 4호묘의 삼족오>

그런데 <오회분 4호묘> 고분 벽화에 그려진 삼족오는 천장 한가운데 그려져 있고 왼쪽에는 청룡을, 오른쪽에는 백호를 거느리고 있어요. 마치 태양을 상징하는 듯한 모습이에요. 이를 보면 고구려 사람들은 삼족오를 대상을 상징하는 새로 생각했을지도 몰라요. 그리고 삼족오가 검은 것은 밝은 태양빛을 등지고 있어서 검게 보이는 모습을 상징한 것일지도 모르지요.

물론 삼족오가 까마귀였는지 아니었는지는 확실하지 않아요. 하지만 분명한 것은 일본의 삼족오보다 고구려의 삼족오가 더욱 화려하고 멋있다는 거예요.

93 무덤 안에 그림은 왜 그렸나요?

옛날 사람들은 죽으면 언젠가 다시 태어난다는 믿음이 있었기 때문에 무덤 안에 생필품이나 살아 있는 사람을 함께 묻기도 했어요. 죽은 사람이 다시 깨어나면 생필품과 하인이 필요할 것이라 생각한 것이지요.

그러나 시간이 흘러 사람들의 생각은 바뀌기 시작했어요. 사람은 죽으면 다시는 깨어나지 않는다는 것을 알게 되었고, 살아 있는 사람을 함께 묻는 것 또한 매우 야만스러운 일이라는 것을 깨닫게 되었지요. 그래서 사람들은 생필품과 하인 대신 무덤에 모형을 묻거나 그림을 그려 넣기 시작했어요. 이제 사람들은 죽은 사람이 다시 깨어나기보다는 다른 세상에서 편안한 삶을 살기를 바라게 된 것이지요.

고구려 사람들은 무덤 안에 죽은 사람이 살아 있을 때 살던 모습이나 영광스러운 장면들을 그려 넣었어요. 때문에 고구려의 무덤 안에는 씨름을 하는 모습, 춤을 추는 모습, 사냥을 하는 모습 등이 그려져

죽은 사람이 다시 살아나지는 못하니 다른 세상에서 편안히 있길 바라는 맘으로 그림이나 그려 줘야지…….

있는 거예요. 그런데 이런 모습도 시대가 흐름에 따라 점차 변화하게 되어, 사실적인 생활 풍속을 그려 넣는 대신 점점 추상적인 모습이나 우주를 상징하는 사신의 모습을 그려 넣기 시작했답니다.

<초기 생활 풍속을 그린 벽화들>

<점점 추상적이 된 벽화들>

<달의 신>　　　　　　　　　<해의 신>

　무덤에 벽화를 그린 것은 고구려가 처음이 아니에요. 고구려보다 먼저 한나라 산동성 지역 사람들이 석관에 그림을 그려 넣기 시작했지요. 하지만 이후 고구려의 벽화는 크게 발전하지만 중국의 무덤 벽화는 별다른 발전을 이루지 못했어요. 벽화를 그리는 기술이나 색채의 화려함은 고구려의 벽화가 단연 독보적이랍니다.

94 고구려 사람들도 돼지꿈을 좋아했나요?

주몽 신화에 보면, 유화 부인이 알을 낳자 금와왕은 매우 화내며 알을 돼지우리에 던져 버려요.

그런데 돼지는 알을 먹기는커녕 슬금슬금 피하지요. 이 때문에 고구려 사람들은 돼지가 하늘이 내린 알의 진가를 알아보았다고 생각하며 돼지를 신비한 동물이라고 생각했답니다.

역사적으로 보면 고구려는 돼지와

도망친 돼지가 위나암에서 나를 기다리고 있었구나. 이것은 하늘의 계시일 게야……

참 많은 인연이 있었어요.

그 대표적인 예가 유리왕 시절의 이야기지요. 유리왕은 하늘에 제사를 지내기 위해 돼지를 마련했는데, 이를 관리하던 병사가 이 돼지를 잃어버렸어요. 그런데 돼지가 발견된 곳은 수도인 졸본성을 한참이나 벗어난 국내 위나암이었지요. 유리왕은 이를 하늘의 계시라고 생각하고 수도를 국내 위나암으로 옮겼답니다.

뿐만 아니라 돼지 덕분에 왕자를 얻은 경우도 있었어요. 그것은 바로 산상왕과 주통촌 여인의 일화예요. 두 사람은 도망간 돼지 덕분에 만나 아들을 낳게 되는데, 그 아들이 후에 동천왕이 되지요.

이처럼 고구려와 돼지는 뗄래야 뗄 수 없는 깊은 인연을 가지고 있어요. 이 때문에 고구려 사람들도 돼지꿈을 꾸면 매우 좋은 일이 생길 것이라고 믿었답니다.

95 고구려 사람들은 누구에게 소원을 빌었나요?

고구려 고분 벽화를 보면 고구려 사람들은 아주 많은 신들을 섬긴 듯해요. 이 중에 하늘의 신을 최고의 신으로 여기고 섬겼지요. 고구려 사람들이 생각한 하늘의 신은 매우 자애로우신 분이었어요. 평소 인간 세계를 내려다보다가 인간들이 곤란에 처했을 때에는 자신의 자식을 내려보내 인간들을 돕게 했다고 생각했지요. 하늘의 신이 내려보낸 자식 중에 대표적인 인물이 해모수래요.

또한 고구려 사람들은 유리왕이나 대무신왕과 같은 위대한 영웅들도 신으로 모셨어요. 특히 고구려를 세운 동명왕과 그의 어머니 유화 부인을 으뜸이 되는 영웅신으로 모셨지요. 이는 동맹제 때 고구려 사람들이 동명왕과 유화 부인의 이야기를 재현한 모습에서도 잘 알 수 있답니다.

고구려 사람들은 별도 숭상했는데, 특히 북두칠성은 사람들의 수명을 주관하는 신이라 여겨 매우 중요하게 생각했답니다. 아마 정화수를 떠 놓고 하늘에 소원을 비는 모습이 고구려 때도 있었을 거예요.

이 밖에도 고구려 사람들은 자신들의 조상을 모시는 한편, 불과 물도 숭상했고 수레바퀴와 같은 사물에도 신이 있다 믿고 섬겼답니다.

이렇게 고구려 사람들은 많은 신들을 믿고 섬겼지만 이 때문에 많은 혼란이 있기도 했어요. 이런 이유로 소수림왕은 불교를 공식적으로 받아들였지요. 물론 그 이전에도 고구려에는 불교가 있었지만 그리 대중적이지 못했어요. 소수림왕 이후 불교는 크게 번성해 고구려의 으뜸이 되는 종교가 되었지만, 여전히 많은 사람들이 고구려의 전통 신앙을 믿고 섬겼답니다.

96 모팔모는 실존 인물이었나요?

고구려에는 농업의 신, 물의 신, 해의 신, 달의 신 등 많은 신들이 있었어요. 이들은 대부분 고구려 사람들의 생활과 밀접한 관련이 있는 신들이에요. 그런데 재미있게도 고구려에는 쇠를 만드는 대장장이 신인 야철신도 있었어요.

오회분 4호묘 벽화에는 쇠를 다듬는 야철신의 모습이 그려져 있는데, 그 모습이 보통의 인간과 다름없어 보여요. 하지만 우락부락한 대장장이의 모습을 상상하면 곤란해요. 벽화에 그려진 야철신은 수염도 없고 피부가 백옥같이 고와서 지금으로 말하면 꽃미남의 모습을 하고 있으니까요. 야철신 덕분에 강철검을 만들어 국력을 키우고, 농기구를 만들어 농사를 지을 수 있다고 생각했기 때문에 고구려 사람들은 이 야철신을 매우 좋아했답니다.

드라마 〈주몽〉에도 야철신처럼 강철검을 만든 사람이 나와요. 바로 모팔모라는 사람인데 아쉽게도 실존 인물은 아니에요. 드라마와 실제 역사는 이처럼 다른 부분이 있지요. 드라마에서는 주몽의 아버지 해모수와 금와왕이 같은 시대 사람으로 나오는데,

<오회분 4호묘 벽화의 야철신>

이것도 사실은 서로 다른 시대 사람이랍니다. 또한 영포 왕자도 실제로 존재했던 인물이 아니에요. 대소에게는 7명의 동생이 있었다는 기록은 있지만 어디에도 영포의 이름은 없으니까요.

한나라의 철기군도 마찬가지예요. 주몽이 처음 나라를 세울 때 한나라의 철기군에 고전했다고 알려져 있는데, 사실 온몸에 철갑옷을 입고 말에도 철갑옷을 입힌 무시무시한 철기군의 원조는 다름 아닌 고구려예요. 그것도 주몽이 죽고 한참 뒤인 3세기경의 일이지요.

97 고구려 사람들은 왜 10월을 기다렸나요?

오늘날 많은 사람들이 명절을 손꼽아 기다리는 것과 마찬가지로 고구려 사람들도 10월이 되기를 기다렸어요. 10월에는 고구려 최대 축제인 동맹이 열렸거든요.

동맹은 '동명'이라고도 불렸어요. 동맹이 열리면 온 나라 사람들이 모여 고구려를 세운 동명왕과 그의 어머니 유화 부인에게 감사의 의식을 치렀어요. 또한 농업신인 영상과 나라를 지켜 주는 사직신 등 많은 신들에게도 제사를 지내며 한 해 동안 풍성한 곡식이 열리게 된 것에 감사하고 다음 해에도 풍년이 들기를 기원했지요.

그리고 이런 의식들이 모두 끝나면 남녀노소, 신분의 높고 낮음에 상관없이 모두가 어울려 밤늦도록 술을 마시고 춤과 노래를 즐겼어요. 이렇듯 고구려의 동맹은 오늘날의 추석과 같았어요.

하지만 동맹이 그저 축제의 역할만을 했던 것은 아니에요. 동맹이 되면 왕을 중심으로 고구려의 모든 부족장들이 한자리에 모여 국가의 중대사를 의논해 고구려의 단결을 도모하고 왕의 지위를 공고히 했지요. 또한 신분에 상관없이 어울려 노는 것도 고구려 사람들을 하나로 뭉쳐 주는 역할을 했어요. 이렇게 키워진 단결심은 전쟁이 났을 때 고구려가 큰 힘을 발휘할 수 있는 원동력이 되었답니다.

98 평강 공주가 구미호였다고요?

평강 공주가 궁에서 나와 바보 온달을 찾아갔을 때 온달은 평강 공주를 구미호로 오해했다는 기록이 있어요. 하긴 온달 같은 바보에게 평강 공주 같은 사람이 결혼을 하자고 했으니 온달이 오해할 만도 했겠지요.

고구려 사람들도 오늘날과 마찬가지로 귀신에 대한 호기심이 많았다고 해요. 그런데 고구려 사람들이 생각한 귀신은 괴상하고 흉측한 괴물의 모습이 아니었어요. 고구려 사람들은 동물이 귀신이 되거나 신의 명령을 받는 심부름꾼이 된다고 생각했지요.

이런 고구려 사람들의 생각은 선도해가 김춘추에게 이야기해 준 별주부전에도 잘 나타나 있어요. 별주부전에서 토끼는 용왕님에게 지기는 신의 심부름꾼이

216

기 때문에 간을 마음대로 뺐다 넣었다 한다고 말하지요.

또한 고구려 사람들은 도깨비도 믿었어요. 고구려 무덤의 벽화에서는 다양한 도깨비의 모습을 볼 수 있어요. 특히 덕흥리 고분의 도깨비는 코는 돼지 코에 머리에는 뱀과 같은 것이 나 있고 입까지 크게 벌리고 있어 매우 무서운 모습을 하고 있지요.

하지만 고구려 벽화에 그려진 도깨비는 나쁜 도깨비가 아니에요. 고구려 사람들이 무덤에 무서운 도깨비를 그려 넣은 것은 나쁜 사람들이 무덤에 들어오는 것을 막기 위해서였지요. 도깨비를 일종의 수호신처럼 생각한 것이랍니다.

<도깨비 모양이 들어간 부채 벽화>

고구려 사람들에게 도깨비는 무서운 존재가 아닌 수호신 같은 역할을 했지요.

99 이슬람 벽화에 고구려 사람들이 있다고요?

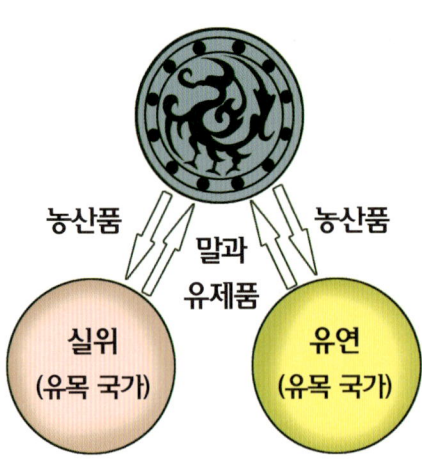

고구려는 다른 나라와 외교 관계를 맺는 것을 매우 중요하게 생각했어요. 외교 관계를 맺어 두면 불필요한 전쟁을 피할 수 있을 뿐만 아니라 무역을 통해 필요한 물자를 쉽게 얻을 수 있으니까요.

그 예로 고구려가 유목 국가인 실위, 유연 등과 지속적인 무역을 한 것을 들 수 있어요. 고구려는 그들과의 무역을 통해 말과 유제품 등을 얻는 대신 농산품들을 내주었지요. 그 덕분에 고구려는 강력한 기마 부대를 유지할 수 있었고 유목 국가들도 질 좋은 식량을 얻을 수 있었어요. 그야말로 고구려는 서로 득이 되는 외교를 했던 거예요.

고구려의 외교 방식은 중화 사상을 내세워 다른 나라를 인정하지 않고 굴복시키려고만 했던 중국의 방식과는 다른 것이었어요. 때문에 주변 국가들의 큰 호응을 얻었지요.

고구려의 이런 외교 정책은 우리

<우즈베키스탄 사마르칸트 아프랍시아 궁전 벽화 사신도>

가 상상하는 것 이상으로 매우 폭이 넓었어요. 우즈베키스탄 사마르칸트 아프랍시아 궁전에는 여러 사신들의 모습을 그린 벽화가 있는데, 이 사신들 중에는 2~5명의 고구려 사신도 그려져 있거든요.

  고구려가 중국이라는 큰 나라와 국경을 맞대고 있으면서도 독자적인 문화를 이룰 수 있었던 것은 이처럼 개방적이고 폭넓은 외교의 몫도 컸답니다.

100 수레가 고구려를 부자로 만들었다고요?

옛날에는 수레가 많은 나라가 잘사는 나라였어요. 고대 전투에서는 기병과 함께 가장 중요한 전력으로 수레로 만든 전차를 꼽았지요. 군사적인 면뿐만 아니라 경제적인 측면에서도 수레는 매우 중요했어요. 수레가 많은 나라는 좋은 상품을 빠른 시간에 싼 값으로 보낼 수 있었고, 그로 인해 부자가 될 수 있었지요.

수레가 많은 나라는 잘사는 나라였어요.

그렇다면 대제국을 경영한 고구려에도 수레가 많지 않았을까요? 온전한 형태의 수레가 우리나라 땅에서 발견된 적은 없지만 고구려가 신라보다 수레를 훨씬 많이 갖고 있었다는 기록은 찾아볼 수 있어요. 기록에 따르면 신라에는 약 2,000대의 수레가 있었고 수레를 관리하는 국가 기관도 있었다고 하니, 고구려에는 이보다 더 많은 수레가 있었을 거예요.

그런데 그 많던 고구려의 수레는 어디로 사라진 것일까요? 고구려의 수레 유물이 발견되지 않는 이유는 고구려가 당나라에 패하면서 수레를 대부분 빼앗겼기 때문이에요. 당나라는 고구려 사람들을 만주와 당나라 여러 지역으로 끌고 가면서 고구려의 수레를 하나도 남김없이

당나라로 가져갔지요.

하지만 고구려가 다른 나라와 수레를 통해 활발한 교역을 했다는 기록은 많이 남아 있어요. 그 규모가 어찌나 큰지 고구려의 수레가 다니는 길에는 다른 상인들도 함께 다녔다고 해요. 고구려 상인 집단과 함께 다니면 도적의 습격에도 안전할 테니까요. 하지만 그 큰 규모 때문에 적국의 스파이가 끼어 있어도 잡아내기 힘들었다고도 해요.

여러 나라와 무역을 함으로써 많은 돈을 벌어들일 수 있었어요.

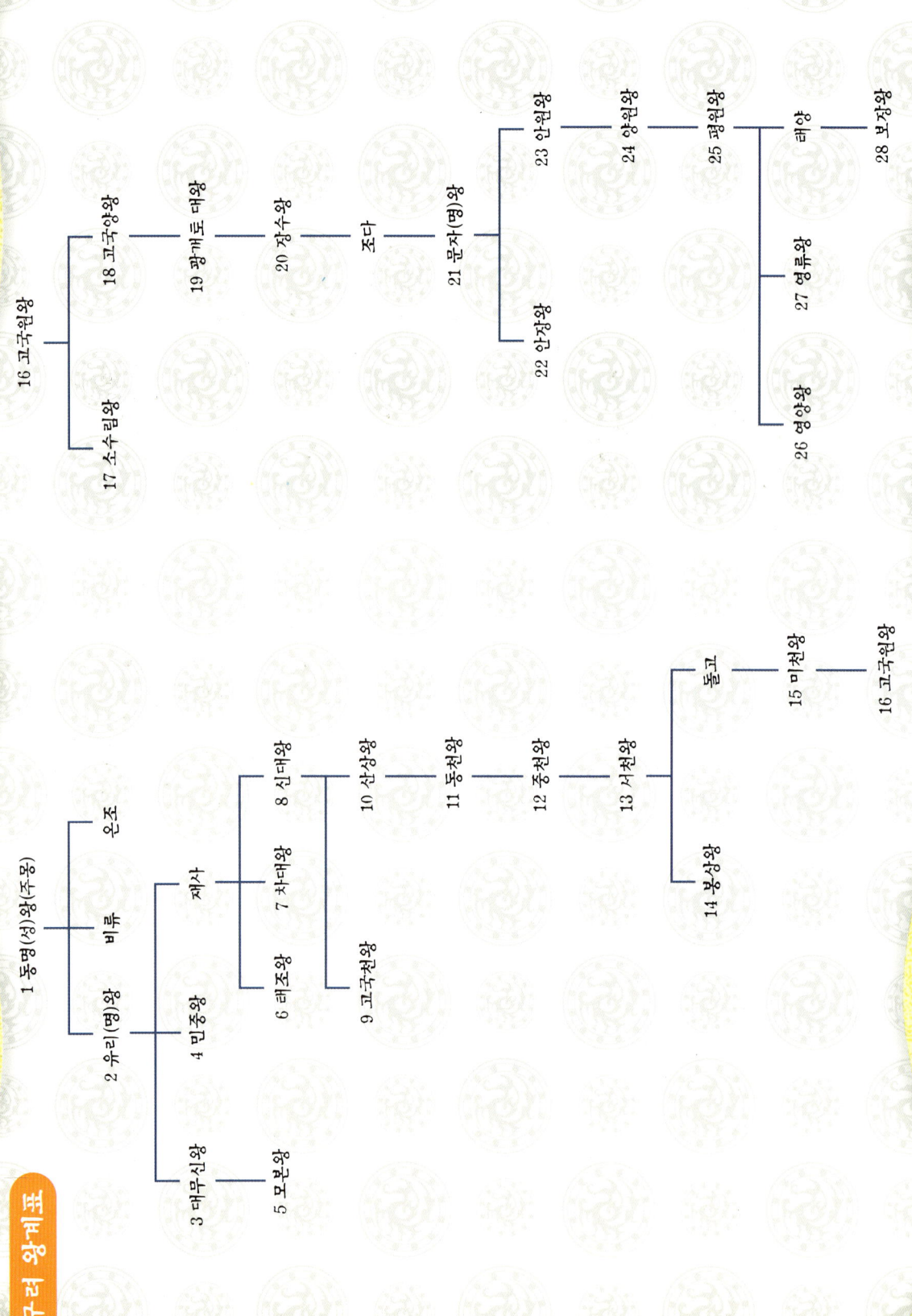

*고구려 왕계표